LA FRANCE

DRAMATIQUE

AU DIX-NEUVIÈME SIÈCLE,

Choix de Pièces Modernes.

Ambigu-Comique.

LA BRANCHE DE CHÊNE,

DRAME EN CINQ ACTES.

C. T.

768—769.

PARIS.

C. TRESSE, ÉDITEUR,

ACQUÉREUR DES FONDS DE J.-N. BARBA ET V. BEZOU,

SEUL PROPRIÉTAIRE DE LA FRANCE DRAMATIQUE,

PALAIS-ROYAL, GALERIE DE CHARTRES, Nos 2 ET 3,

Derrière le Théâtre-Français.

1842.

LA
BRANCHE DE CHÊNE,

DRAME EN CINQ ACTES,

PAR

MM. CHARLES DESNOYER ET CHARLES LAFONT,

Représenté pour la première fois, à Paris, sur le théâtre de l'Ambigu-Comique,
le 5 février 1839.

DISTRIBUTION DU PROLOGUE.

LE COMTE DE LABAUME (40 ans, père noble)................	MM.	ROGER.
LE COMTE D'ARIGNAN (35 ans, 3me rôle)....................		DAMGUIN.
CHRISTIAN GEOFFREI, Aubergiste (30 ans, 1er rôle)..........		SAINT-ERNEST.
LE SERGENT DUBOURG (1er comique).......................		CULLIER.
LE SERGENT PICARD....................................		ROCHEUX.
UN SOLDAT..		FERDINAND.
MARIE, femme de Christian (20 ans. emploi des soubrettes)......	Mmes	FIERVILLE.
LA COMTESSE DE LABAUME (personnage muet)..............		VALÉRIE.

La scène se passe dans le Piémont, en 1552.

ACTE PREMIER,

ou

PROLOGUE.

L'intérieur d'une taverne de village; au fond, des arbres et des montagnes. — Sur le devant de la scène, Marie va et vient; un homme coiffé d'un chapeau à larges bords est assis devant une table à la droite du public; Christian paraît au fond sur une colline, et marche vers le devant du théâtre.

SCÈNE I.

MARIE, CHRISTIAN, UN INCONNU.

CHRISTIAN, entrant.

Dieu soit loué!... je suis de retour... Bonjour, ma petite femme!

MARIE.

Pauvre Christian! te voilà tout en sueur.

CHRISTIAN.

Dame! il y a trois lieues de montagnes d'ici à fossano!... Aller et revenir en cinq heures, c'est marcher vite!... Avant de répondre à tes questions, et même avant de t'adresser les miennes, il faut que j'aille embrasser mon héritier, mon petit Bénédict, l'amour des amours...

(Il entre dans la chambre à gauche, sur le second plan.)

MARIE.

Il s'agit de lui préparer à déjeuner... A trois heures, c'est un peu tard.

CHRISTIAN, rentrant.

Il dort... cher petit ange!...Tu ne m'avais pas dit cela; j'ai failli le réveiller... Mais je me suis retiré si doucement... si doucement... Ah ça! et l'autre enfant?...

(Il montre une autre, chambre, également à gauche, mais sur le premier plan.)

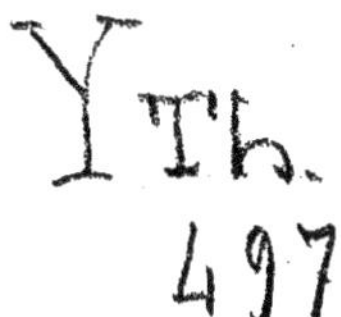

MARIE.

Il dort de son côté sur les genoux de sa mère qui pleure toujours, et qui refuse de me dire pourquoi... Mais toi-même, quand tu m'as amené ici ta cousine avec son enfant... tu m'as dit seulement un mot : Elle est malheureuse... et ça m'a suffi pour me décider à la bien recevoir... Mais je n'en sais pas davantage, et j'espère bien, mon bon petit mari...

CHRISTIAN.

Plus tard, plus tard, femme... je te dirai tout ; mais aujourd'hui... Tiens ! je ne suis pas tranquille...

MARIE.

Pour elle ?...

CHRISTIAN.

Oui, pour elle... Pauvre cousine ! le chagrin la tue... Oui, elle en mourra, te dis-je, ou elle perdra la raison... Le médecin que j'ai été chercher à Fossano arrivera ce soir... Il nous dira s'il y a quelque moyen de prévenir... Et puis, je ne suis pas mécontent qu'il voie mon petit Bénédict... je le trouve moins fort, moins bien venu que l'autre. Faut-il qu'un homme soit bête !... moi, un soldat de François 1er et de Bayard, qui ai vu la mort en face dans plus de vingt combats... la seule idée que ce marmot d'enfant à peine âgé de six mois pourrait s'en aller de ce monde...

MARIE.

Tu es fou !... Mon enfant moins beau que celui de ta cousine !... Tout le monde les prend pour des frères jumeaux... Sois tranquille ; il nous enterrera tous les deux.

CHRISTIAN.

Amen !... c'est tout ce que je désire... Mais, vois-tu, un fils unique, ça donne trop d'inquiétudes... Marie, il faut absolument que cet enfant-là ait un frère...   (Il embrasse sa femme.)

MARIE.

Monsieur Christian ! monsieur Christian !... est-ce que nous somme seuls ?

CHRISTIAN.

Tiens, c'est vrai... voilà un particulier que je n'avais pas encore aperçu... (Il marche vers l'inconnu, assis à gauche.) Qui êtes-vous, l'ami ?

MARIE.

Pouvez-vous parler sur ce ton à une honorable pratique ?... Vous voulez donc que tous les honnêtes gens désertent notre auberge ? — Monsieur, je vous demande pardon pour mon mari... Il n'est pas encore au fait de sa profession nouvelle.

CHRISTIAN.

C'est possible... mais il y a certaines scènes de ménage... Enfin, sans rancune.

L'INCONNU, prenant la main que Christian lui offre.

De tout mon cœur... Et pourquoi auriez-vous honte de m'avoir montré que vous êtes bon mari et bon père.

MARIE.

Ah ! bon père ! c'est son fort... ou plutôt, s'est son faible... mais bon mari...

CHRISTIAN.

Excusez, monsieur... mais vous savez... les femmes... elles sont d'une exigence...

L'INCONNU.

Madame, veuillez me donner un flacon de vin de Bordeaux et deux verres... Votre mari a besoin de se rafraîchir, et je serai bien aise de faire une plus ample connaissance avec lui.

(Marie sort.)

CHRISTIAN.

Monsieur, ce n'est pas pour vous faire de la peine, et je ne suis que trop sensible au vin de Bordeaux... mais nous vivons dans un temps de troubles... Le dernier ordre de M. le grand bailli enjoint à tous les aubergistes du Piémont d'écrire sur un registre spécial les noms, prénoms et qualités des personnes qui leur font l'honneur de s'arrêter chez eux... Je vous réitère donc le plus doucement et le plus poliment possible la question que je vous adressais tout à l'heure avec un peu de vivacité.

(Il prend un registre et se dispose à écrire.)

L'INCONNU.

Martin Gallas, marchand de bœufs, ayant pignon sur la rue à Chambéry et voyageant dans le Piémont pour affaire de son commerce... Voici mes papiers.

CHRISTIAN.

Parfaitement en règle !

(Marie rentre, et sert le vin.)

L'INCONN.

Prenez aussi un verre pour vous, ma belle hôtesse.

CHRISTIAN.

Bon ! des ruban bleus... C'est un Français !... A la prospérité du gouvernement français dans le Piémont et dans la Savoie !... Puisse le roi Henri II de France conserver pour lui et pour ses successeurs la conquête de François 1er !... Puisse le maréchal de Cossé-Brissac, son représentant, mettre fin, par l'arrestation du duc Emmanuel-Philibert, à toutes les misères de la patrie !

MARIE.

L'arrestation d'Emmanuel-Philibert !... Ainsi, ce n'est pas assez de tenir le père prisonnier depuis quinze ans !... Vous voulez qu'on tue le fils !... Est-ce à vous de former un pareil vœu... à vous, élevé chez un des premiers seigneurs de la Savoie... à vous qui n'auriez jamais du servir que ses anciens souverains ?... Que ce vin devienne pour moi du poison, si j'y touche après ce que vous venez de dire !

CHRISTIAN.

Femme, vous n'entendez rien à la politique...

J'ai été élevé chez un des plus puissans seigneurs de la cour du duc Charles III, c'est vrai... je donnerais pour ses enfans ma main droite; mais ma famille est d'origine française... c'est du bon sang provençal qui coule dans mes veines... Et pour la France, je donnerais mes deux mains... je donnerais ma tête... Avant la reconnaissance, la patrie!... Est-ce ma faute si le duc de Savoie s'est jeté ame et corps dans la ligue de l'empereur Charles-Quint contre le roi de France, son allié naturel, son ami, son oncle?.,. Et j'aurais accepté du service dans ses armées!... j'aurais marché, moi, Christian Geoffroi, sous les drapeaux de l'aigle à double-tête, contre le drapeau des trois fleurs de lis!... Non, non !... Quoique j'eusse des protecteurs dans le camp impérial et que je fusse inconnu dans l'autre, c'est aux pieds de Bayard que j'allai mettre mes dix-huit ans et mon épée... J'ai servi sous ses ordres pendant douze ans; je l'ai vu mourir comme un héros et comme un saint... Ma foi, ce spectacle m'a dégoûté de la guerre... Et puis cette cicatrice maudite qui m'empêche de remuer le bras dès qu'il arrive un changement de temps... Je me suis retiré du service, et je t'ai épousée.

MARIE.

Et tu t'en repens ?

CHRISTIAN.

Allons donc !... Seulement, ne me querelle pas trop dans mes sympathies pour la France.

MARIE.

Je veux voir mon pays libre.

CHRISTIAN.

Et il ne peut pas l'être!... Il est comme le morceau de fer entre le marteau et l'enclume, entre les Impériaux et les Français... Le gouvernement de ces derniers sera toujours plus doux et plus tolérant.

MARIE.

Oui, plus tolérant... C'est pour cela que tu bois à la mort du prince Emmanuel-Philibert.

CHRISTIAN.

Bah! qui en veut à sa vie?... un jeune fou qui a voulu reconquérir à lui seul le domaine de ses ancêtres!... Qu'on l'enferme avec son père dans la forteresse de Nice, et qu'il n'en soit plus question.

MARIE.

Je te dis, moi, qu'il n'en sera pas quitte pour si peu de chose, et que les princes captifs ne vivent pas long-temps... Eh bien! monsieur, vous videz votre verre?..

L'INCONNU.

Ma foi, oui; le bouquet de ce vin est trop vif et la couleur trop séduisante... Excusez-moi de ne pas attendre la fin de votre discussion.

CHRISTIAN.

A la santé de qui buvez-vous?

L'INCONNU.

A la mienne et à la vôtre.

CHRISTIAN.

C'est bien dit !.,. Mais enfin, êtes-vous pour le gouvernement ou pour le duc... pour les Impériaux ou pour les Français?

L'INCONNU.

Je suis marchands de bœufs.

MARIE.

Christian, voilà un homme sage... Son opinion...

CHRISTIAN.

Est de n'en pas avoir.

MARIE.

C'est la bonne.

CHRISTIAN.

Ce n'est pas la mienne... et les opinions sont libres... (Ils boivent.) Enfin, monsieur, vous arrivez de Chambéry, et vous devez mieux savoir le train des affaires que les habitans d'un petit bourg sur les bords de la Méditerrannée... L'échauffourée d'Emmanuel-Philibert n'a pas eu et ne pouvait pas avoir de suites; il n'a pas même livré une bataille rangée... Maintenant, tous ses partisans l'ont abandonné... Si M. de Cossé-Brissac parvient à se rendre maître de sa personne, sait-on ce qu'il en fera.

L'INCONNU.

Je ne puis vous répéter que des on-dit.

CHRISTIAN.

Eh bien ! que dit-on ?

L'INCONNU.

Que la cour de France ne fera pas instruire son procès.

CHRISTIAN.

Entends-tu, madame Geoffrei ?

L'INCONNU.

Un procès, c'est trop long... et ça pourrait occasionner des troubles... Dès que l'identité du prince sera reconnue, fusillé.

CHRISTIAN.

Fusillé.

MARIE.

Sans délai ! sans jugement !

L'INCONNU.

Le roi Hnnri le fait traiter en vassal rebelle.

CHRISTIAN.

Ah ! mon Dieu ! qu'est-ce que j'ai fait ?

MARIE.

Que veux-tu dire?...

CHRISTIAN.

Ah ! rien !... Au fait, ce sont des indices si légers... Sait-on où est le prince?

L'INCONNU.

On assure qu'il a passé le mont Cenis, et qu'il va rejoindre l'empereur occupé à étouffer une sédition de ses bonnes villes de Flandre.

CHRISTIAN.

Ah! tant mieux! Fasse le ciel qu'il n'ait pas mis le pied dans cette partie du Piémont!... Elle est trop voisine de la France pour qu'il y trouve beaucoup d'amis... Tenez, je vais vous expliquer la chose... Hier au soir, deux hommes se sont arrêtés chez maître Job, le cordonnier du village, pour faire raccommoder leurs chaussures... Ils semblaient fatigués d'une longue route, et se donnèrent néanmoins pour des seigneurs du voisinage qui s'étaient égarés en faisant une promenade... Maître Job leur demanda où ils allaient, et s'offrit à leur servir de guide... Mais ils refusèrent, et, voyant qu'il commençait à s'étonner de leurs réponses, ils disparurent après l'avoir payé généreusement, mais sans lui laisser achever son travail...

L'INCONNU.

Et d'aussi faibles preuves suffiraient pour vous faire croire...

CHRISTIAN.

Monsieur en voici une plus forte. Le prince a long-temps habité Gênes, et maître Job, qui se connaît en chaussure, prétend que les souliers des deux inconnus ont été faits par un cordonnier génois.

MARIE.

Il vient de te raconter cela? Tu l'as engagé à se taire, n'est-ce pas?

CHRISTIAN.

Eh! non!... le repos du pays... l'intérêt de la France... je croyais, je crois encore qu'ils n'en veulent pas à la vie du prince... j'ai engagé maître Job à faire sa déclariou au bailli.

L'INCONNU, à part.

Ciel!

MARIE.

Ah! si le prince est arrêté et mis à mort par suite de ton conseil maudit, fasse le ciel que son sang ne retombe ni sur toi, ni sur notre enfant.

CHRISTIAN.

Sur notre enfant! sur Bénédict! tiens, tu as raison. Quel que soit le dénouement de cette affaire, il vaut mieux ne pas m'en mêler... Il est probable que maître Job n'est pas encore parti... c'est un vieil imbécile... je détruirai facilement l'effet de tout ce que je lui ai dit... la vie de mon enfant... Comme tu y vas, femme... je n'ai pas une goutte de sang dans les veines.

(Il sort par le fond.)

SCÈNE II.

MARIE, L'INCONNU.

MARIE.

Ah! quelle tête! quelle tête! mais aussi quel cœur! Il ne faut pas le juger sur ses paroles, mais sur ses actions : tenez, il y a trois mois, quand les paysans de la contrée se ruèrent sur les châteaux des seigneurs accusés d'avoir embrassé secrètement le parti d'Emmanuel-Philibert, si vous l'aviez vu se jeter au milieu d'eux, au péril de sa vie, saisissant les uns, haranguant les autres, puissant sur tous!... Hélas, il ne pouvait être partout à la fois!... Il sauva le château du comte de Lullins, celui du marquis de Pallavicini. Il arriva trop tard pour éteindre les flammes qui dévorèrent le manoir antique de la baronne Clevelant!

L'INCONNU.

Ce fut un grand *désastre*!

MARIE.

Oui, monsieur; bien des personnes y périrent : c'est une honte pour le pays, une honte pour les autorités nommées par le gouverneur, une honte pour le gouverneur lui-même!... il n'y a que mon mari qui ne mérite aucun reproche! et voilà pourquoi, avec des caractères si différens, des opinions si opposées, lui Français de cœur et d'origine, moi toute dévouée à la fortune de nos princes, nous faisons un si bon ménage! Nous discutons souvent, nous ne nous disputons jamais; et en tout cas, le berceau de mon fils serait là pour nous mettre d'accord. Je crois qu'il se réveille, je vous prie de m'excuser.

(Elle entre dans la chambre à gauche, au second plan.)

SCÈNE III.

L'INCONNU, seul.

On peut compter sur cette femme... oui, si l'intérêt du prince l'exige!... Il n'en faut pas douter, ces deux hommes qui se sont arrêtés hier dans ce village, c'est le comte de Labaume, et lui! malheureux prince! qu'est-il venu faire dans la Savoie? Sans armée, sans argent, seul avec son courage, il espérait trouver de la sympathie parmi les anciens sujets de son père... mais le plus grand nombre est, comme ce Christian, séduit, ébloui par la gloire française... Il espérait des secours de Charles-Quint; mais tant que ce prince égoïste aura à trembler pour lui-même... Oh! comme retrouver mon souverain? comment lui dire les dangers qui le menacent? Heureusement, tout est prêt pour sa fuite, et si je savais où le rejoindre...

(Il rêve : le comte de Labaume, pâle, harassé, misérablement vêtu, paraît à la porte du fond.)

SCÈNE IV.

L'INCONNU, DE LABAUME.

DE LABAUME.

Une hôtellerie ! je ne saurais aller plus loin, entrons à tout risque, et que Dieu protége la Savoie ! (Il s'avance.) Êtes-vous le maître de cette maison ?

L'INCONNU.

Non, monsieur, il vient de sortir.

DE LABAUME.

Il ne peut tarder à rentrer, permettez à un voyageur épuisé de fatigue...

L'INCONNU, se levant.

Miracle de la Providence ! cette voix m'est connue.

DE LABAUME.

Justice du ciel ! ce visage est celui d'un ami.

L'INCONNU.

Mon cousin de Labaume ?

DE LABAUME.

Mon cousin d'Arignan !

D'ARIGNAN.

Et lui ! lui ! le prince Emmanuel !

DE LABAUME.

Vivant ! vivant ! et j'espère qu'il est en sûreté !

D'ARIGNAN.

C'est vous qui, hier au soir, avez traversé ce village ?

DE LABAUME.

En effet; d'où savez-vous ?

D'ARIGNAN.

C'est que vous avez été remarqué, et je crains bien..... Mais où est le prince ? où l'avez-vous laissé ?

DE LABAUME.

Dans la forêt voisine, au pied d'un chêne dans les branchages duquel nous avons passé la nuit !

D'ARIGNAN.

O ciel !

DE LABAUME.

Oui, comte, le descendant des ducs de Savoie n'a plus d'autre abri dans l'héritage de ses aïeux : pour toit la voûte du ciel, pour lit la terre humide ; mais pour avenir la plus belle couronne ducale de toute l'Europe. Je l'ai quitté dans l'espoir de vous rejoindre et de vous envoyer auprès de lui. Nous attendiez-vous ? le vice-roi sait-il déjà que le prince est dans le Piémont, et non dans la Savoie ?

D'ARIGNAN.

On l'ignore; c'est un message du comte de Montrevel qui nous a mis sur vos traces; la flotte génoise qui stationne aux environs de la Corse a été prévenue... une frégate s'en est détachée, et depuis trois jours elle est en croisière sur ces parages... le premier de nous qui rejoindra le prince doit le conduire à une petite baie marchande située à un quart de lieu d'ici... une chaloupe est prête... deux rameurs vigoureux y passent le jour et la nuit... en cinq minutes, Emmanuel-Philibert sera mis sous l'abri du pavillon d'André Doria ! Merci à vous et à Dieu qui m'avez réservé une part dans cet honneur !... Venez !... venez !...

DE LABAUME.

Non, je reste. Le prince a prévu que je pourrais faire la rencontre d'un ami fidèle, et, dans cette supposition, il a daigné me dispenser de revenir auprès de lui. Ce n'est pas à vous que je cacherai mes tortures. Vous savez que j'ai laissé à Turin la comtesse Anna, mon épouse bien-aimée ; elle était à la veille d'être mère, et depuis trois mois je suis privé de ses nouvelles ; je ne sais si je suis père, je ne sais pas même si je suis encore époux. Maintenant que mon prince est sauvé, je dois songer à mes autres devoirs ; partez donc seul ! Vous n'avez qu'à suivre le grand chemin ; et puis, vous prendrez à droite le premier sentier qui s'offrira à vous... Une fois arrivé à la forêt, vous trouverez la route de l'arbre qui nous a servi d'asile, écrite sur l'écorce des bouleaux et des chênes que j'ai tailladés avec mon couteau... Au reste, le chêne où je vous envoie, vous le reconnaîtrez de loin ; c'est le roi de la forêt comme Emmanuel-Philibert est le souverain du Piémont et de la Savoie. Allez vite, et portez à ce prince héroïque mes souhaits et mes adieux !

D'ARIGNAN.

Le temps nous presse, le terrain brûle sous nos pas, pourtant, je ne puis abandonner ainsi un ami, un parent. Vous ne connaissez donc pas le décret qui a été porté par la cour de France contre le prince Emmanuel et ses adhérens ?

DE LABAUME.

Je le connais ! la mort.

D'ARIGAN.

Fuyez donc.

DE LABAUME.

Non, en tout autre moment, dans tout autre lieu, je pourrais céder à vos prières ; mais je ne suis qu'à trois lieues de l'asile qu'a choisi la comtesse ! Oui, elle s'est réfugiée chez madame de Clevelant, et c'est là que je conduirai le prince ; j'y serai ce soir.

D'ARIGNAN.

Que Dieu me pardonne le coup que je vais vous

porter ! Les paysans de cette province, excités par des émissaires du vice-roi, ont brûlé quelques-uns des châteaux qui appartenaient aux seigneurs du parti d'Emmanuel. Celui de la baronne de Clevelant est du nombre.

DE LABAUME.

Oh ! malheur ! malheur ! et l'on ne sait pas ce qu'est devenu ma femme ?

D'ARIGNAN.

J'ai fait depuis trois jours des recherches inutiles.

DE LABAUME.

Et les victimes...

D'ARIGNAN.

Ont été nombreuses ; mais la plupart des cadavres mutilés, défigurés... vous voyez que vous n'avez rien à faire ici. Si la comtesse est sauvée, à quoi bon vous perdre ? si elle est morte, ne devez vous pas vivre pour la venger ? Oh ! songez qu'en prolongeant cette lutte , nous assumons peut-être sur nos têtes la responsabilité d'un régicide. Au prince Emmanuel, comte, au prince Emmanuel !

DE LABAUME.

Vous irez seul ; je ne partirai pas avec cette incertitude horrible. Des cadavres défigurés, dites-vous ? oh ! moi, je les reconnaîtrai !

D'ARIGNAN.

Adieu donc, puisque je ne puis vous décider à partir avec moi ; adieu ! quand vous entendrez de ce côté deux coups de canon , vous pourrez dire que le prince est à bord de la frégate génoise. Adieu, cher comte, et puissiez-vous retrouver votre épouse !

DE LABAUME.

Que Dieu sauve Emmanuel et nous délivre de la France !

(D'Arignan sort par le fond.)

∘∘

SCÈNE V.

DELABAUME, puis DES SOLDATS, MARIE.

DE LABAUME.

Anna ! Anna ! oh ! je ne m'abuse pas sur le résultat de mes recherches... elle est morte ! elle est morte ! comment aurait-elle survécu aux scènes de désolation dont le château de Clevelant a été le théâtre... oh ! un tombeau sur cette terre où elle est morte avec le fruit de notre amour ! c'est tout ce que j'espère ! c'est tout ce que je chercherai !

(Il tombe anéanti sur un banc, la figure dans ses mains, à la gauche du public. Un sergent et des soldats entrent par le fond.)

DUBOURG , frappant sur une table

Holà ! l'hôte, l'hôtesse ! A boire, morbleu !

LES SOLDATS.

A boire ! à boire !

MARIE, rentrant par la gauche.

Eh ! là, là, qu'y a-t-il pour votre service, mes bons messieurs ? Sommes-nous chez les Impériaux pour faire un tel tapage ?

DUBOURG, lui prenant la taille.

Hé, hé, tu n'es peut-être pas si loin de la vérité ! Sais-tu qu'on te dit impérialiste enragée, la belle hôtesse ?

MARIE.

Voulez-vous bien me laisser, sergent Dubourg ? N'oubliez pas que je suis la femme de Christian Geoffrei, votre ancien camarade, et qui vous aime tant, vous autre Français, qu'il en deviendra fou, je crois ; mais il ne faudrait pas me manquer de respect devant lui, oui-dà !

DUBOURG.

Allons, allons, du calme !

MARIE.

Et vous, du respect ! Que faut-il que je vous serve ?

DUBOURG.

Deux bouteilles de vin de Montmélian, et du meilleur.

MARIE.

Il fallait les demander tout de suite. A quoi bon toutes ces paroles ?

(Elle sort ; les soldats vont s'attabler à droite.)

LE SOLDAT.

Ah çà, sergent, allons-nous rester long-temps dans cette auberge ?

DUBOURG.

Le temps de nous rafraîchir, et puis en route pour la forêt.

LE SOLDAT.

Et le petit Picard n'en a-t-il pas pris le chemin avec ses hommes ?

DUBOURG.

Un peu, jeune recrue. Parlez de vos supérieurs avec plus de respect. Il prend la forêt par le flanc droit, et moi, je la prends par le flanc gauche.

MARIE , qui est rentrée sur ces derniers mots.

Qu'est-ce que vous allez donc chercher dans la forêt ? des châtaignes ?

DUBOURG.

Oui , la belle, et nous avons chargé nos armes à feu afin de les faire griller.

MARIE.

Je ne comprends pas les énigmes.

DUBOURG.

L'énigme est que dans une demi-heure, s'il plaît à Dieu , nous serons les maîtres du prince Emmanuel-Philibert.

LES SOLDATS , buvant.

A la mort des impériaux !

MARIE., avec effroi.

Le prince est dans le Piémont?

DUBOURG.

Il a passé la nuit dans la forêt. Hier il a traversé ce bourg et s'est arrêté chez maître Job le cordonnier; ce matin, un bûcheron l'a vu dans les envidu grand chêne.

DE LABAUME, se levant.

Mon cousin d'Arignan arrivera trop tard.

(Au bruit qu'il fait les soldats se retournent.)

DUBOURG.

Quel est cet homme? est-ce une de vos pratiques?

MARIE.

Je suis aussi surprise que vous de le rencontrer chez moi.

DUBOURG, marchant vers lui.

L'ami, vous n'êtes pas de ce bourg ? Êtes-vous Piémontais? Qui êtes-vous ?

DE LABAUME.

Qui es-tu toi-même ? est-ce que depuis que la France nous gouverne, les soldats font l'office des juges?

DUBOURG.

Il raisonne, je crois; qu'on le saisisse, qu'on le fouille !

DE LABAUME.

Misérable !

(Les soldats l'entourent.)

DUBOURG.

Allons, vivement. Ou je me trompe fort, ou nous avons fait une bonne capture.

UN SOLDAT.

Sergent, je le reconnais pour l'un des individus qui se sont présentés hier dans la boutique de maître Job chez qui je travaillais en qualité d'apprenti.

DUBOURG.

Sais-tu la portée de ce que tu dis, jeune drôle ?

LE SOLDAT.

C'est bien lui. (Il le fouille.) Voici des papiers.

DUBOURG.

Que vois-je ? une lettre du comte de Montrevel ! de ce traître !... une proclamation adressée au peuple de la Savoie et signée. Emmanuel-Philibert !

LE SOLDAT.

Voici une petite branche d'arbre fraîchement coupée.

DUBOURG.

C'est une branche de chêne. et le nom d'Emmanuel a été gravé sur l'écorce avec la pointe d'un couteau... c'est le prince!

TOUS LES SOLDATS.

C'est le prince!

(Tous se découvrent.)

MARIE, tombant à ses genoux.

Que Dieu protége son altesse !

DE LABAUME.

Oui, je suis Emmanuel que Dieu livre a ses ennemis. Relevez-vous, madame, je vous remercie de m'avoir fait entendre un vœu pour mon salut au milieu de toutes ces voix qui demandent ma perte.

DUBOURG.

Prince il ne sera pas nécessaire d'employer la force pour vous décider à nous suivre?

DE LABAUME.

Où allez-vous?

DUBOURG.

A Fossano.

DE LABAUME.

Je vais vous en montrer le chemin.

MARIE.

Un tel malheur chez moi ! Ah ! mon Dieu ! mon Dieu !

DE LABAUME.

Marchons !

SCÈNE VI.

LES MÊMES, CHRISTIAN.

CHRISTIAN, arrivant par le fond.

Que de monde chez moi ! un homme arrêté ! Sergent Dubourg, quel est cet homme ?

DUBOURG.

Je me suis découvert devant lui, et c'est assez bête; mais quand tu sauras son nom, je crois que tu en feras autant. C'est le prince Emmanuel-Philibert !

CHRISTIAN.

Emmanuel-Philibert ! (Il s'approche de lui.) Oui, je me découvrirai, mais par un autre motif. Sergent Dubourg, on t'a trompé.

DE LABAUME.

Marchons, messieurs; qui vous arrête?... cet homme ne me connaît pas.

CHRISTIAN.

Je vous connais, monseigneur, et vous me connaissez aussi.

DUBOURG.

Je te dis que cet homme est le prince, et qu'il l'avoue.

CHRISTIAN.

Et moi, je te dis que c'est messire Charles, comte de Labaume, chez le père duquel j'ai été élevé.

MARIE.

Est-il possible?

DUBOURG.

Voilà Piétro qui le reconnaît pour un des deux hommes qui se sont présentés hier chez maître Job.

CHRISTIAN.

Un des deux, j'y consens. Le prince de Savoie, c'est l'autre.

DE LABAUME , bas, à son oreille.

Mais si je veux mourir pour lui, malheureux !

CHRISTIAN.

Mais si je ne veux pas vous laisser mourir, moi.

DUBOURG.

Piétro, prends deux hommes et cours au grand Chêne. (Piétro et les deux hommes sortent. De Labaume fait un geste de désespoir.) Au fait , tu as peut-être raison., Christian ! le grand bailli de Fassano a déjà fait fusiller trois faux princes de Savoie, celui-ci aurait fait le quatrième.

CHRISTIAN.

Monsieur le comte ne m'en veuillez pas d'avoir dévoilé votre généreux mensonge ; vous eûtes autrefois de l'amitié pour moi ; pardonnez-moi de vous avoir sauvé la vie.

DUBOURG, qui a tiré un papier de sa poche et l'a lu attentivement.

Pardon ! mais enfin, si cet homme n'est pas le prince, c'est le comte de Labaume !

CHRISTIAN.

Sans doute.

DUBOURG.

Alors, c'est toujours mon prisonnier.

CARISITAN.

Que veux-tu dire ?

DUBOURG.

Voici la copie d'un décret de proscription contre dix seigneurs impériaux, parmi lesquels le comte de Labaume !

CHRISTIAN.

Il est trop vrai ! mais personne ne t'a confié l'exécution de ce décret, mon bon Dubourg, et tu n'arrêteras pas devant moi mon protecteur , mon bienfaiteur ; que diable ! les amis de nos amis doivent être traités en amis !

DUBOURG.

Moi, l'ami d'un seigneur impérialiste !

CHRISTIAN, rapidement.

Ce serait le plus grand honneur qui pût t'arriver. Il y en a peu de ce calibre-là, mon fils... et tu as vu ce qu'il allait faire pour son prince ! A quelque parti, à quelque nation qu'on appartienne, il faut respecter ce qui est héroïque !

DUBOURG.

Tu crois me toucher avec des raisons pareilles ?

CHRISTIAN.

Oui, mon cher ami , et si tu l'exiges absolument, je te toucherai bien d'une autre manière. (Il saute sur des armes qui sont accrochées à la muraille.) Monsieur le comte ! voici une épée ! en garde ! ne nous laissons pas égorger comme des moutons !

MARIE.

Christian ! Christian !

CHRISTIAN.

Ta place n'est pas ici , femme. Sergent, je t'a-

vertis qu'il n'y a pas de changement de temps aujourd'hui ; et que j'ai le bras libre.

DE LABAUME.

Christian, je suis ému de ton zèle ; mais je ne veux pas que tu te fasses tuer pour moi ? qu'ai-je à faire de la vie ? (Il jette son épée.) Marchons, messieurs !

CHRISTIAN.

Quoi ! ce dernier trait ne t'émeut pas ? Joseph Dubourg, je te renie, tu ne fais plus le métier de soldat, tu fais l'office de bourreau !

DUBOURG.

Nous nous retrouverons !

CHRISTIAN.

Le soldat n'a d'autre mobile que la gloire de son pays ; le bourreau tue pour de l'argent !... Nieras-tu que ce soit l'intérêt qui te guide ? (Il reprend sa liste de proscription.) « Cent ducats d'or à » celui qui livrera mort ou vif un des seigneurs » proscrits par la cour de France ! » Va chercher tes cent ducats, lâche ! tu seras mieux récompensé que Judas, qui ne reçut que trente deniers pour avoir livré Notre-Seigneur.

(Hésitation et murmures parmi les soldats.)

DUBOURG.

Ah ! sa tête est mise à prix ; je n'avais pas lu cet article du décret... non, vrai, je ne l'avais pas lu... je jure que je ne l'avais pas lu. (Un silence.) Qu'il aille se faire fusiller ailleurs ! je ne veux pas d'un or tâché de sang !

(Il jette à la volée la branche de chêne.)

CHRISTIAN.

Ah ! mon brave et honnête Dubourg, je te rendrai raison de ce que je t'ai dit, va ! quand tu voudras que nous nous rafraîchissions d'un coup de sabre...

DUBOURG.

Va-t'en au diable, et nous autres, au prince Emmanuel !

LES SOLDATS.

Au prince Emmanuel !

(Ils sortent en tumulte.)

SCÈNE VII.

LES MÊMES, excepté LES SOLDATS.

CHRISTIAN.

Ah ! sauvé ! sauvé !

DE LABAUME, ramassant la branche de chêne.

Christian , vois-tu cette branche de chêne ? le prince me l'a donnée en souvenir de la nuit étrange que nous avons passée dans la forêt. « Comte, m'a-t-il dit, si je remonte jamais sur le trône de mes ancêtres, venez à moi avec cette branche, et je vous octroierai le don que vous me demanderez, fût-ce le plus beau diamant de ma couronne, fût-ce la vie de mon plus grand ennemi! » Malheureux prince! je ne crois pas que je te rappelle jamais ta promesse; je n'en garderai pas moins jusqu'à la mort ce présent de ta main chérie comme la plus précieuse des reliques! Eh bien, en sauvant ma vie, Christian, tu n'as sauvé qu'un rameau inutile; le duc Emmanuel, c'est le chêne qui devait un jour ombrager toute la Savoie, et tu l'as frappé au cœur! (Ici on entend un coup de canon.) Ciel! (Deuxième coup de canon.) Ah! c'est le signal de la délivrance! le prince est à bord de la flotte génoise. Réjouissons-nous, mes amis, Emmanuel-Philibert est libre!

CHRISTIAN.

Allons, soit; je ne voulais pas sa mort, Dieu le sait! mais je puis me réjouir de le voir en liberté. Il va préparer à l'étranger de nouvelles expéditions contre la Savoie! Ne nous occupons que de vous, s'il vous plaît. Si vous m'en croyez, vous n'attendrez pas le retour des camarades. Il ne serait pas sûr de tenter une seconde fois leur désintéressement! j'ai tout obtenu de Dubourg; mais le sergent Picard peut venir, et celui-là serait inflexible; je n'en obtiendrais rien, monseigneur, rien!

DE LABAUME.

Donne-moi un guide qui me conduise sur l'heure aux ruines du château de Clevelant.

MARIE.

Monseigneur, y songez-vous?

CHRISTIAN.

Au château de Clevelant! vous savez que ce n'est plus qu'un tas de cendres et de décombres; alors, qu'allez-vous y chercher?

DE LABAUME.

Les restes de la comtesse de Labaume, qui s'était réfugiée en mon absence chez Mme de Clevelant. C'est bien le moins que sa dépouille chérie repose en terre sainte.

CHRISTIAN.

Qui vous a dit qu'elle fût morte?

DE LABAUME.

Elle vivrait!

CHRISTIAN.

Au plus fort de l'incendie, un homme l'enleva mourante à travers les poutres embrasées, sous une pluie de feu.

DE LABAUME.

Elle allait être mère.

CHRISTIAN.

Le lendemain du désastre, dans une retraite pauvre mais sûre, son fils a vu le jour!

DE LABAUME.

Son fils! j'ai un fils!

CHRISTIAN.

Et qui se porte bien! mordieu!

LA BRANCHE DE CHÊNE.

DE LABAUME.

Oh! un dernier mot! le nom de cet homme qui a sauvé la comtesse Anna, qui a sauvé mon fils! le nom de cet ange tutélaire! le nom de ce Dieu sauveur! que je lui donne ma fortune! que je me jette à ses pieds!

CHRISTIAN.

Monsieur le comte, faites-lui seulement l'honneur de l'embrasser!

DE LABAUME, se jetant dans ses bras.

Ah! Christian!

MARIE.

Quoi, cette pauvre jeune femme que tu m'as présentée comme ta cousine.

CHRISTIAN.

C'est la comtesse de Labaume.

MARIE.

Et tu m'as caché ce secret!

CHRISTIAN.

Pour t'épargner des démangeaisons à la langue!

MARIE.

C'est égal, c'est un beau trait? Monsieur Christian, faites-moi seulement l'honneur de m'embrasser!

(Elle lui saute au cou et l'embrasse.)

CHRISTIAN.

Monseigneur, voici la nourrice de votre enfant, vous convient-elle?

DE LABAUME.

Mes amis, mes chers amis! comment vous exprimer... ah! mon cœur est trop plein pour que je trouve des paroles... et si je n'étais pas un homme, je serais heureux de pleurer. — Où sont-ils? où est mon fils? où est ma femme?

MARIE.

Venez, venez, monseigneur.

(Ils entrent à gauche, au premier plan.)

<hr>

SCÈNE VIII.

CHRISTIAN, seul.

Allons, j'ai fait une bonne journée; je suis content de moi. Mon Dieu! fais que notre ouvrage s'achève, et reçois ici mon serment de faire un égal partage de soins et de tendresse entre mon fils et le fils du proscrit.

VOIX, au dehors.

Par ici, par ici, camarades!

CHRISTIAN, regardant avec effroi vers la droite.

Ah! le sergent Picard! grand Dieu! ils sont perdus! (S'écriant comme frappé d'une inspiration soudaine.) Ah! (Appelant.) Femme! femme! (Elle reparaît sur le seuil de la porte à gauche. Il lui dit quelques mots à l'oreille, et la fait rentrer précipitamment.) Par là, vite, vite; ne perds pas un instant.

SCÈNE IX.

CHRISTIAN, LE SERGENT PICARD, DES SOLDATS.

CHRISTIAN, allant au devant des soldats.
Vous venez boire un coup, camarades?
LE SERGENT.
Non... d'abord, qu'on visite cette maison !
CHRISTIAN.
A votre aise !
(Les Soldats entrent dans la chambre à gauche. Christian les suit des yeux avec inquiétude.

SCÈNE X.

LES MÊMES, MARIE, LE COMTE et LA COMTESSE DE LABAUME.

MARIE, paraissant au fond du théâtre.
Tiens, regarde !

(Christian se retourne, et voit le Comte et la Comtesse qui s'enfuient sur une colline placée au fond du théâtre.)

CHRISTIAN et MARIE.
Sauvés ! sauvés !

(Ils tombent à genoux.)

DISTRIBUTION DES 2ᵉ 3ᵉ 4ᵉ ET 5ᵉ ACTES.

LE COMTE DE LABAUME (65 ans)......................... MM. ROGER.
LE COMTE D'ARIGNAN (60 ans)......................... DANGUIN.
CHRISTIAN GEOFFREI (55 ans)......................... SAINT-ERNEST.
ROBERT, comte de Pérès, fils du comte de Labaume (25 ans, 2ᵐᵉ amoureux)...................... ANATOLE GRAS.
BÉNÉDIC GEOFFREI , fils de Christian (25 ans, jeune 1ᵉʳ rôle).... ALBERT.
LE PRÉSIDENT DU CONSEIL D'ÉTAT...................... DUVILLARS.
UN HUISSIER .... FERDINAND.
UN LAQUAIS ....
LAVINIA , fille du comte de Labaume (19 ans, jeune première).... Mˡˡᵉ VIRGINIE MARTIN.

La scène se passe à Turin , en 1577.

ACTE DEUXIÈME.

Un petit salon de plain-pied avec les jardins de l'hôtel de Labaume; au fond du jardin, une grille qui donne sur une rue de Turin.

SCÈNE I.

LE COMTE DE LABAUME, CHRISTIAN.

(Au lever du rideau, le comte de Labaume est assis dans un grand fauteuil à la droite du public, et Christian, auprès de lui, sur un pliant, tient un livre, et lui fait la lecture. Tous deux ont vieilli; le Comte a des cheveux blancs; Christian, des cheveux gris. Une bougie est allumée sur une table placée devant eux.)

CHRISTIAN, lisant.
« Il y a dans ce nom de père tout le bonheur et tout le malheur des hommes. Celui qui est aimé de ses enfans, fût-il accablé de toutes les infortunes, doit encore remercier le ciel; celui qui a donné le jour à des ingrats, fût-il un empereur, est plus misérable que le dernier des matelots ! »
(Ici le Comte se lève et se promène avec agitation.)
CHRISTIAN, toujours assis et se retournant vers lui.
Plaît-il à votre seigneurie que je cesse ma lecture?
DE LABAUME, répétant la première phrase lue par Christian.
« Il y a dans ce nom de père... »

CHRISTIAN, se levant et continuant avec joie.

« Tout le bonheur... »

DE LABAUME, avec tristesse.

« Et tout le malheur des hommes. »

CHRISTIAN, se parlant à lui-même.

Mon fils ! mon cher Bénédict !

DE LABAUME.

Ah ! Robert ! Robert ! que de chagrins, que de tourmens tu me causes ! (Se retournant vers Christian.) Oui, ferme ce livre, Christian. Cette lecture me fait mal.

CHRISTIAN.

Moi, c'est tout le contraire, elle me fait un bien... elle est cause que je songe à lui... ma joie! mon orgueil !

DE LABAUME.

Oui, tu es un heureux père, toi ! !

(Ici, une horloge, placée au fond du théâtre, sonne dix heures.)

CHRISTIAN.

Dix heures !...

DE LABAUME.

Christian... une heure encore, et...

CHRISTIAN.

Je vous comprends, monseigneur ; c'est aujourd'hui pour vous, pour nous tous, un bien cruel anniversaire : il y a cinq ans, à onze heures du soir...

DE LABAUME.

Je l'ai perdue ; elle est morte dans mes bras... ici même (montrant à la gauche du public de grands rideaux d'une couleur sombre) celle qui m'avait rendu la vie si douce et si heureuse, même sur la terre d'exil... ma pauvre Anna !

(Il va se rasseoir avec chagrin à gauche.)

CHRISTIAN.

Et moi, j'étais condamné à subir bientôt la même douleur : six mois après, je suivais avec Bénédict le convoi de sa mère.

DE LABAUME.

A ton dernier soupir, Anna, tu prévoyais trop les fautes, les égaremens de ton fils bien-aimé.

CHRISTIAN.

Marie !... je la vois encore, au moment de me quitter pour jamais, j'entends ses adieux à Bénédict : « Songes-y bien, mon garçon, lui dit-elle, tu n'as pas vingt ans encore, et déjà tu es plus sage, plus raisonnable que ton père... Il a dans le cœur quelque chose de bon et de généreux, c'est vrai ; mais la cervelle est si mauvaise !... » Pauvre femme ! elle me connaissait bien ! « Quand je ne serai plus, a-t-elle ajouté, à toi, mon fils, à toi seul de l'empêcher de faire des folies. Tu me le promets, n'est-ce pas ?... » Il n'a rien répondu, lui... il sanglottait, et moi aussi ; mais il a étendu la main vers celle de sa mère, comme pour lui dire qu'elle pouvait compter sur lui... et

il a tenu parole. De son vivant, Marie m'avait préservé de bien des sottises, et depuis que je l'ai perdue, j'en ai commis encore quelques-unes... j'aimais un peu trop le jeu, le vin de France, et même le vin d'Espagne ! et puis, bien que le prince Emmanuel-Philibert fût rentré avec vous depuis long-temps dans ses états, et qu'il eût secoué le joug de la domination française, moi, j'avais toujours conservé mon ancien caractère et le souvenir de mon origine ; moi, j'étais toujours au fond de l'ame le vieux soldat de Bayard et de Gaston de Nemours. Enfin, le verre à la main, il m'arrivait encore quelquefois... pardon, monseigneur, de rêver pour la Savoie un autre gouvernement que celui de son altesse ; mais mon fils m'a prouvé que je n'avais pas le sens commun, et ce qui a achevé de me guérir, c'est qu'après l'avoir pris pour secrétaire, vous avez voulu dernièrement que je vinsse loger dans votre hôtel, moi qui ne vous suis bon à rien pourtant... Depuis ce temps-là, j'ai toujours été près de lui, sous ses yeux... pas moyen de me déranger davantage, et, grace à son fils, le père prodigue est corrigé pour la vie.

DE LABAUME.

Et moi, moi ! obtiendrai-je jamais que mon fils se repente et change de conduite... non, et je te l'avouerai, Christian, je ne puis songer à Bénédict sans l'admirer et te porter envie, sans regretter que Robert ne lui ressemble pas... Voilà, voilà la pensée qui me poursuit, qui me torture sans cesse, et qui rend plus cruels encore les souvenirs inséparables de cette journée.

CHRISTIAN.

Monseigneur, je ne désespère pas comme vous de l'avenir du jeune comte !... et puis, n'avez-vous pas auprès de vous quelque motif de consolation, de bonheur peut-être ? Votre fils n'a-t-il pas une sœur ?

DE LABAUME.

Lavinia !

CHRISTIAN.

Votre fille chérie ! l'image vivante de sa mère !

DE LABAUME.

En effet, je retrouve en elle, ami, tous les traits comme toutes les vertus de la comtesse... et parfois j'ai laissé prendre et mes yeux et mon âme à cette heureuse illusion.

CHRISTIAN.

Je vous dis que c'est elle, votre femme, votre Anna, qui ne vous a jamais été enlevée, et qui se survit à elle-même dans sa fille... Tenez! voyez plutôt, et je défie votre chagrin de tenir contre ses embrassements !...

(Entre par la gauche Lavinia qui vient embrasser le comte de Labaume.)

SCÈNE II.

LES MÊMES, LAVINIA.

LAVINIA.

Mon père! mon bon père !

DE LABAUME, la regardant avec amour.

Oui, tu as raison, Christian : quand je la vois me sourire ainsi, quand je la presse sur mon cœur, j'oublie un instant ma tristesse ; puis je songe qu'elle va me quitter bientôt, que le cloître la réclame...

CHRISTIAN.

Le cloître... il est donc vrai !

DE LABAUME.

Je songe qu'avec Lavinia je verrai fuir loin de moi tout ce qui me reste de sa mère, et que je me retrouverai seul, plus misérable que jamais.

LAVINIA.

Ah ! je vous en conjure, ne me laissez pas voir votre douleur, puisqu'il faut que nous soyons séparés.

CHRISTIAN.

Il le faut ! mais cela n'est pas, cela ne peut pas être ; votre présence ici est nécessaire au bonheur, au repos de votre père... Cette pensée ne sera-t-elle pas plus forte dans votre âme que cette vocation qui vous entraîne vers le cloître ? Restez, madame, restez, je vous en supplie... au nom de votre mère !

LAVINIA.

Ma mère !... ma mère avez-vous dit, Christian? Mais c'est elle, c'est elle-même qui m'a vouée au culte de la Vierge, elle que j'ai tant aimée vivante, et que j'adore depuis qu'elle est morte. Ne dois-je pas lui obéir ?

CHRISTIAN, regardant vers le fond.

Ah ! Bénédict !

(Entrée de Bénédict qui s'approche de son père et lui serre la main.)

SCÈNE III.

LES MÊMES, BÉNÉDICT.

DE LABAUME.

Plus tard, Lavinia, nous reprendrons cet entretien ; j'espère encore que vous renoncerez à votre funeste résolution, j'espère que vous ne partirez pas.

BÉNÉDICT, qui a entendu les derniers mots.

Qu'entends-je ?

LAVINIA, à part, en regardant Bénédict.

Il faut que je parte !

DE LABAUME.

Lavinia, à onze heures...

(Il lui montre la porte à gauche sur le premier plan.)

LAVINIA.

Oui, monseigneur, j'y serai ; tous les ans, à pareil jour, et à l'heure même où nous avons perdu ma mère, nous nous réunissons dans cette chambre qui fut la sienne, et nous nous prosternons ensemble devant son lit de mort, pour lui demander (car de là-haut elle nous entend sans doute), de bénir encore ses deux enfans. Vous m'y trouverez, mon père.

(Elle sort.)

BÉNÉDICT ; il salue Lavinia et le comte, et remet des papiers à ce dernier.

Monsieur le comte, voici le travail que votre seigneurie m'a demandé. Pourra-t-elle examiner bientôt ces papiers, et me dire si ses intentions ont été fidèlement remplies?

DE LABAUME.

C'est bien... je vous remercie, Bénédict. Je passe dans mon cabinet pour m'en occuper... Christian, tu me préviendras dès que mon fils sera de retour.

(Le comte sort par le fond.)

SCÈNE IV.

CHRISTIAN, BÉNÉDICT.

CHRISTIAN.

Quel bonheur de me trouver un instant seul avec toi, mon ami, mon cher Bénédict ! J'espère que tu es content de moi, que je suis devenu bien tranquille, bien raisonnable, et que tu ne me gronderas plus.

BÉNÉDICT.

Non, mon père, je n'ai plus aucun reproche à vous adresser depuis que j'ai prié monseigneur d'exiger de vous que vous prissiez un logement dans son hôtel.

CHRISTIAN.

Comment ! c'est toi qui lui as demandé...

BÉNÉDICT.

Il le fallait bien pour vous-même, pour votre sûreté.

CHRISTIAN.

Ma sûreté, en voici bien d'une autre.

BÉNÉDICT.

Vous oubliez trop souvent que les successeurs de François Ier n'ont pas hérité de ses conquêtes, et qu'enfin, dans la Savoie et le Piémont, c'est Emmanuel qui règne.

CHRISTIAN.

Il ne règnera peut-être pas longtemps.

BÉNÉDICT.

Mon père!

CHRISTIAN.

Oh! là-dessus, mon garçon, nous ne serons jamais d'accord,

BÉNÉDICT.

Je sais que naguère encore vous vous êtes jeté en aveugle dans les projets les plus déraisonnables, enfin, que vous vous êtes fait conspirateur.

CHRISTIAN.

Conspirateur! et qui a pu te dire ..?

BÉNÉDICT.

Il y a six mois, j'étais allé vous voir, et je vous attendais dans ce petit appartement que vous occupiez dans un des faubourgs de Turin.... On vint frapper mystérieusement à votre porte... Après quelque hésitation, j'ouvris... et des hommes d'assez mauvaise mine se présentèrent, me demandant s'ils avaient bien affaire à M. Geoffrei, membre de la société secrète des amis de la France.

CHRISTIAN.

O ciel!

BÉNÉDICT.

Je répondis que c'était moi. J'espérais vous sauver de quelque fâcheuse aventure. Alors ces hommes, se confiant à moi, me développèrent tout le plan, tous les progrès d'une conspiration qui avait des soutiens, disaient-ils, dans toute la Savoie. Il ne s'agissait de rien moins, mon père, que de détrôner Emmanuel, et d'appeler à la vice-royauté un Français, le duc de Guise.

CHRISTIAN.

En effet...

BÉNÉDICT.

Ils me présentèrent un papier sur lequel étaient écrites toutes les conventions du pacte qui devait unir les conjurés... déjà ce papier était couvert de nombreuses signatures, et ces messieurs avaient mission de vous demander la vôtre.

CHRISTIAN.

Et qu'as-tu dit? qu'as-tu fait?

BÉNÉDICT.

Ma première pensée fut d'appeler du monde à tout risque, et de dénoncer ces hommes avant que vous fussiez arrivé.

CHRISTIAN.

Ah! tu ne l'as pas fait, Bénédict? tu ne les as pas livrés au bourreau?

BÉNÉDICT.

Non, non, mon père; j'eus le tort d'avoir pour ces misérables plus de générosité, plus de pitié qu'ils n'en méritaient.

CHRISTIAN.

Ah! Bénédict, prends garde! tu ne connais pas ceux dont tu parles... c'est l'honneur, c'est la bravoure même.

BÉNÉDICT.

Écoutez-moi. Toujours en me faisant passer pour vous, Geoffrei le conspirateur, Geoffrei l'ami de la France, je déclarai que j'avais renoncé à prendre part à ce complot, et que je ne signerais point. Alors je fus entouré, appelé par tous faux frère, apostat, lâche, et dans un instant vingt poignards furent levés sur ma poitrine.

CHRISTIAN.

O ciel! et je n'étais pas là, moi!

BÉNÉDICT.

Non, par bonheur, vous n'étiez pas là. Je vous connaissais : il me semblait à chaque instant que vous alliez paraître; je vous voyais déjà ou bien assassiné par eux en voulant me défendre, ou bien inscrivant malgré moi votre nom sur cette fatale liste.

CHRISTIAN.

Enfin...

BÉNÉDICT.

Enfin, j'ai mieux aimé prendre pour moi tout le danger, mon père, et j'ai signé pour vous.

CHRISTIAN.

A ma place! ainsi, tu as joué ta vie si honorable, si pure, à la place de celle du plus inutile de tous les hommes! ah! tu me fais frémir.

BÉNÉDICT.

Calmez-vous.

CHRISTIAN,

Du calme! quand je songe que pour moi tu t'es exposé à la mort; que maintenant peut-être on va venir t'arrêter comme coupable de haute trahison, et te traîner devant des juges qui ne pardonnent pas. O mon Dieu! mon Dieu! du calme, dis-tu! est-ce que c'est possible? Mais, grâce au ciel, je sais tout à présent... je suis là pour proclamer tout haut ton dévouement, ton innocence, je suis là pour reprendre la destinée qui m'est due, et te rendre la tienne : à toi, l'admiration de tous... moi, à moi seul la prison, l'échafaud!

BÉNÉDICT.

Souffrez, mon père...

CHRISTIAN.

Je ne souffre rien, je ne veux rien entendre. Il y va de tes jours, Bénédict; n'espère pas m'imposer ta volonté! mon usage est de t'obéir, aujourd'hui je me révolte. Qu'on vienne t'arrêter, mon Dieu! et tu me verras devant tes juges! tu verras au pied de mon échafaud si j'ai encore dans les veines quelque peu de ce sang généreux qui remplit le cœur de mon noble fils!

BÉNÉDICT.

Mon père, revenez à vous! rien ne justifie vos alarmes : cette conspiration insensée a été découverte peu de jours après votre départ; mais monseigneur le duc n'a voulu triompher de ses ennemis que par la clémence. Quant à ces lettres où mon nom avait remplacé le vôtre, on n'a pu les saisir, un conjuré les avait détruites.

CHRISTIAN.

Tu es bien sûr de cela, Bénédict?

BÉNÉDICT.

Je le tiens du comte d'Arignan qui a été au courant de toute cette affaire , qui vient tous les jours dans cet hôtel, et qui, ce matin encore , me témoignait plus de bienveillance que jamais. Vous voyez bien que vous et moi nous n'avons rien à craindre.

CHRISTIAN.

Ah! Dieu le veuille! mais comment ferai-je donc pour te prouver tout mon amour, toute ma reconnaissance?

BÉNÉDICT.

Souvenez-vous seulement de l'imprudence que vous avez commise, et qu'à l'avenir...

CHRISTIAN.

Oh! soit tranquille... cette fois, la leçon a été trop forte... elle m'a fait trembler pour mon fils!

SCÈNE V.

CHRISTIAN, BÉNÉDICT, LAVINIA.

LAVINIA, rentrant sans les voir.

Mon frère n'est pas encore rentré... Ah! monsieur Bénédict!

BÉNÉDICT.

Pardon, madame, je me retire.

LAVINIA.

Demeurez, monsieur, j'ai une prière à vous adresser.

BÉNÉDICT.

Une prière! dites un ordre.

CHRISTIAN.

Allons, je te laisse , mon garçon. Madame , je vous salue. (A part, en regardant son fils avec enthousiasme.) Dire que je ne trouverai jamais une occasion de lui être utile, de faire son bonheur, fût-ce au péril de ma vie! il mérite tant d'être heureux, et ma vie est si peu de chose.

(Il sort toujours en le regardant.)

SCÈNE VI.

LAVINIA, BÉNÉDICT.

BÉNÉDICT.

Eh bien! madame?

LAVINIA.

Autrefois vous étiez dévoué à mon frère, dirai-je à moi, monsieur? par une amitié qui datait de l'enfance, et qui devait durer toute la vie. Déjà mon père avait à reprocher à son fils bien des étourderies, et tous deux , unis pour préserver Robert de sa colère, nous l'aimions bien malgré tous ses torts; nous l'aimions, quoiqu'il semblât à peine le comprendre : nous l'aimions enfin... que sais-je? par cela seul peut-être qu'il nous causait beaucoup de chagrins et d'inquiétudes... et moi , qui tremblais à l'idée seule d'un mensonge, que de fois j'en ai commis pour voiler ses fautes ou pour les faire oublier... vous aussi, monsieur Bénédict! Nous n'avions qu'un même but , une seule pensée l'un et l'autre, éviter des reproches à un frère, au risque de devenir coupables nous-mêmes en l'empêchant de le paraître.

BÉNÉDICT.

Oui, madame, cette époque , je me la rappelle, et je l'ai enveloppée dans mon ame de toutes les images de l'enfance et du bonheur. Dans ces inquiétudes, dans ces chagrins que vous me rappelez, il y avait des joies qu'il ne m'est plus donné de connaître; il y avait ce beau rêve de tendresse fraternelle qui va fuir loin de moi le jour où vous quitterez la maison de votre père.

LAVINIA.

Eh bien! promettez-moi de redevenir, après mon départ, ce que vous fûtes jadis pour lui, pour Robert. Plus que jamais mon père est irrité contre lui ; car plus que jamais il est coupable. Cependant je ne serai plus là pour le défendre; promettez-moi de me remplacer.

BÉNÉDICT.

Que vous répondre?... et quand je voudrais être le même qu'autrefois, le voudrait-il, lui, lui qui ne m'adresse plus la parole que pour m'accabler de ses dédains et de son orgueil? Non , depuis long-temps il n'y a plus d'amitié, madame, entre Robert, comte de Pérès, l'héritier d'un de nos plus illustres gentilshommes, et Bénédict Geoffrei , le fils d'un soldat pauvre et obscur ; non , il repousserait tout, jusqu'aux services que je voudrais lui rendre... mais puisque vous me le demandez , vous, je le servirai sans le lui dire, je vous le promets.

LAVINIA.

Je sens que j'abuse de votre bonté; mais je pars, et de long-temps , sans doute , il ne m'arrivera de vous importuner. Cette surprise que nous avions ménagée à mon père, ce portrait... n'est-il pas encore achevé?

BÉNÉDICT.

Non, madame, et vous ne pouvez vous éloigner encore. Non, ce portrait n'est pas achevé, il en est loin. Par grace, au moment de vous exiler, ne me ravissez pas... c'est-à-dire ne ravissez pas à votre père les faibles consolations que lui donnera votre image.

LAVINIA.

Mais il y a si long-temps que cette miniature est commencée.

BÉNÉDICT.

Mais avec un modèle comme vous...l'artiste est si difficile ! et puis, vous m'accordez des séances si courtes et si rares !

LAVINIA.

Demain, si vous le voulez, en présence de madame Berthe, ma gouvernante...

ROBERT, en dehors.

Beppo, que mes chevaux soient prêts dans une heure.

BÉNÉDICT.

C'est la voix de votre frère.

LAVINIA.

J'ai à lui parler, monsieur. Demain, n'est-ce pas ? madame Berthe vous préviendra.

BÉNÉDICT.

J'attendrai vos ordres, madame... (A part.) Oh ! jamais ! jamais heureux !

(Il sort.)

ooooooooooooooooooooooooooooooooooooooooooooooooo

SCÈNE VII.

LAVINIA, ROBERT.

ROBERT, qui est entré un peu avant la sortie de Bénédict.

A qui parliez-vous là, ma sœur ?

LAVINIA.

Je demandais si vous n'étiez pas rentré.

ROBERT.

Bénédict pourrait-il vous donner des renseignemens ? il n'est pas attaché à mon service... Mais vraiment, je n'avais pas remarqué d'abord, cette toilette vous sied à ravir, et vous ressemblez plus que jamais...

LAVINIA.

A ma mère, n'est-ce pas ?... Eh bien ! écoutez-moi donc, monsieur, comme si elle-même était là pour vous adresser des reproches.

ROBERT.

De la morale ! Tenez, franchement, je ne sais aujourd'hui si l'illusion pourrait être complète, ma sœur ; non, je ne le crois pas ; j'aurais de la peine à vous prendre pour la comtesse de Labaume, lorsqu'en entrant ici, sans le vouloir, je viens d'être témoin de cette entrevue mystérieuse avec...

LAVINIA, vivement.

Achevez, monsieur, que voulez-vous dire ?

ROBERT.

Ma sœur ! ma sœur ! je me défie de ce Bénédict Geoffrei, et si mes craintes étaient fondées...

LAVINIA.

Mais que soupçonnez-vous donc, monsieur ?

ROBERT.

Je ne soupçonne pas, je suis sûr que ce misérable Bénédict, oubliant ce qu'il est et ce que nous sommes, a l'audace d'aimer la fille et la sœur de ses maîtres !

LAVINIA.

Ses maîtres ! mais c'est affreux de parler ainsi ! Quoi ! c'est lui, autrefois votre ami et toujours celui de mon père, lui, dont les études ont jeté un si vif éclat ; lui, qui donnerait sa vie pour éparguer un chagrin à notre famille, à vous, monsieur, à vous-même ! C'est lui, c'est ce noble jeune homme que vous osez assimiler à vos gens ! oh ! mais cela passe toute croyance... Il ne m'aime pas, il ne m'aime pas, vous dis-je... Eh ! pourquoi ne prétendez-vous pas que je l'aime aussi, moi ? Voyons, parlez, dites encore cela, mon frère ; car, en vérité, vous venez de me préparer à tout entendre !

ROBERT.

De la colère ! vous, Lavinia !... une personne si pieuse !

LAVINIA.

Je connais mes devoirs, et je souhaite que vous soyez enfin rendu au sentiment des vôtres. Je n'ai pu laisser insulter devant moi un ami d'enfance ; oui, un ami, je le dis sans rougir. Je voulais, avant mon départ, vous engager à veiller sur votre conduite, à ménager un père dont vous avez lassé l'indulgence... Cet avis, je vous le donne, songez-y, au nom de notre mère, songez-y... je prierai le ciel, dans ma retraite, pour que ces paroles d'adieu restent gravées dans votre cœur.

(Elle sort.)

ooooooooooooooooooooooooooooooooooooooooooooooooo

SCÈNE VIII.

ROBERT, seul, puis un instant après LE COMTE DE LABAUME.

ROBERT.

Ma mère !... long-temps en prononçant ce nom elle a exercé sur moi un pouvoir étrange, et que je brise enfin... Qu'elle parte, car j'ai deviné juste... Ce Bénédict que je hais et qu'elle aime, et que tout le monde ici, mon père lui-même affecte sans cesse de me proposer pour modèle... Oh ! qu'elle parte ! en héritage comme en amour, j'ai horreur des partages.

DE LABAUME, entrant.

Je vous trouve enfin, monsieur.

ROBERT.

Vous aviez à me parler monseigneur ?

DE LABAUME.

Depuis long-temps ; mais c'est à peine si l'on vous voit paraître dans la demeure de votre père : ce n'est plus un séjour digne de vous, depuis que vous faites salon dans les tavernes.

ROBERT.

Mon père qui a pu vous dire...

DE LABAUME.

Ne m'interrompez pas, monsieur. Votre famille est une des plus anciennes et des plus nobles des basses terres de la Savoie; la réputation en est si bien établie que les gens des montagnes eux-mêmes disent en proverbe : Pur comme l'or ou comme le cœur d'un Labaume. Quand songerez-vous à remplir les obligations que ce nom vous impose?... Vous traitez l'honneur et la loyauté comme des habits passés de mode : vous avez délaissé l'épée, l'étude, la vie noble d'un seigneur châtelain, pour les ignobles délassemens des plus mauvais sujets de la capitale... vous vous montrez en public avec des gens que vous appelez vos amis, et que je ne souffrirais pas dans mes anti-chambres. Du courage, on dit que vous en avez; mais vous passez trois heures par jour à faire des armes, et trois heures à tirer au pistolet : comment, avec des précautions pareilles, reculerait-on devant son adversaire? Aussi, quand vous vous êtes battu contre le jeune comte de Lullins, qui n'avait pour lui que sa bravoure, la justice de son droit, et les vœux de tout ce qu'il y a d'honnêtes gens à Turin, y compris les miens, monsieur, votre adresse a facilement triomphé de son inexpérience! vous l'avez tué, cet enfant, et sa mère en est morte de désespoir!... et c'est à cause de vous, à cause de ce beau fait d'armes, que monseigneur le duc a remis en vigueur la loi qui assimile le duel à l'assassinat!... Soyez donc fier de vos exploits et de la gloire qu'ils vous ont acquise... Votre famille avait eu des ministres, des généraux d'armée, un cardinal... elle a maintenant un spadassin!

ROBERT, froidement.

Monsieur le comte, je vois votre seigneurie trop bien disposée à faire mon éloge pour ne pas lui rappeler que je possède deux vertus dont en ce moment même je lui donne une irrécusable preuve, la résignation, la patience!

DE LABAUME.

Eh! je voudrais bien voir, que vous en manquassiez devant moi!.. Je vous dis que vos désordres, inexcusables à votre âge, ont perdu votre avenir et déshonoré vous et votre père. Vous me poussez vers le tombeau, monsieur, et je ne tarderai pas à y descendre. Que diriez-vous si le conseil d'état refusait de vous admettre sur le fauteuil héréditaire que j'y occupe, et prononçait votre exclusion pour cause d'indignité?

ROBERT.

Le conseil ne l'oserait pas!

DE LABAUME.

Il l'oserait, monsieur, et je vous avertis qu'il s'y prépare; nous avons des ennemis puissans, le marquis d'Elbène surtout, notre parent, notre ennemi, qui cherche à nous ravir la faveur de son altesse, qui est toujours prêt à profiter de nos fautes, à s'illustrer de notre déshonneur... Ah! Robert, la première fois que je t'ai vu, le jour même de mon départ pour l'exil, j'ai senti que je t'aimais d'un amour immense, et dont mes autres affections ne m'avaient pas même donné l'idée... tu devais être l'appui de ton prince, l'honneur de ton père... Que sont devenus tous ces rêves?... Tu n'es plus, Robert, que l'opprobre de ta famille, et si je n'y mets ordre, tu feras quelque jour balafrer sur un échafaud les armoiries de nos ancêtres!

ROBERT.

Monseigneur...

DE LABAUME.

Ah! que l'incendie dévore ma maison avant ce jour funeste! que tous les fléaux du ciel ravagent mes domaines! qu'il ne reste pas une pierre de l'orgueilleux château de Labaume! pas un vestige de notre puissance, pas un souvenir de notre nom!

ROBERT.

Mon père, à dater de ce jour, vous n'aurez plus à vous plaindre de moi.

DE LABAUME.

Dis-tu vrai? Tu renoncerais à ta vie de folies et de débauches?...

ROBERT.

J'y renonce!

DE LABAUME.

Désormais, tout entier à de nobles occupations, aux études graves et sérieuses qui conviennent à un gentilhomme...

ROBERT.

Je vous le promets, je vous le jure, mon père.

DE LABAUME.

Faiblesse de mon cœur! Oh! tu ne peux joindre l'hypocrisie à tant de fautes!... Je reçois votre serment, comte de Pérès, Dieu le reçoit aussi; prenez garde au parjure!

(Pérès sort par le fond après lui avoir baisé la main. On le voit ouvrir la grille et disparaître dans la rue.)

ooooooooooooooooooooooooooooooooooooooooooooooooooo

SCÈNE IX.

LE COMTE DE LABAUME, seul.

Non, je ne serai pas forcé de le maudire; non, Robert est jeune encore, et il peut réparer tous ses torts par de longues années d'une vie désormais irréprochable... Merci à toi, mon Dieu, qui as pris pitié de mes douleurs, et qui me rends mon fils!... (Ici onze heures sonnent.) Onze heures!... dans cet instant sans doute, Lavinia est à genoux devant le lit de mort de sa mère, et moi, je vais la rejoindre... moi, je vais dire à la comtesse de Labaume que son fils n'est plus indigne d'elle.

(Il marche vers la chambre à gauche.)

UN LAQUAIS, entrant par le fond et annonçant.

Monseigneur le comte d'Arignan.

SCÈNE X.

D'ARIGNAN, LE COMTE DE LABAUME.

DE LABAUME, se retournant et allant à lui.

Ah! vous n'avez donc pas oublié le chemin de cette maison; les épreuves que m'a envoyées le ciel n'ont point altéré votre vieille amitié?

D'ARIGNAN.

Il faut bien qu'on vienne chez vous, monsieur le comte, puisque vous ne venez pas chez les autres. Puis, ma visite à une pareille heure ne pourra vous surprendre, quand vous saurez le motif qui m'amène... C'est de lui, toujours de lui que je viens vous parler.

DE LABAUME.

De Robert, n'est-ce pas? et moi, je suis heureux aussi, d'Arignan, de vous parler aujourd'hui de Robert, car il n'est plus le même; car il vient d'abjurer dans les bras de son père toutes les erreurs de sa jeunesse.

D'ARIGNAN.

Il vous trompe.

DE LABAUME.

Je vous dis que j'ai reçu de lui le serment solennel...

D'ARIGNAN.

Je vous dis qu'il vous trompe, et qu'à tous ses autres vices il joint encore le plus affreux, le plus impardonnable de tous, l'hypocrisie.

DE LABAUME.

Mais, au nom du ciel, qui peut vous faire croire?...

D'ARIGNAN.

Je vous dis enfin qu'à l'instant même où il venait de vous jurer qu'il changerait de conduite, je l'ai vu, moi, entrer dans une maison de jeu, suivi de ses compagnons de débauches.

DE LABAUME.

Ah! s'il était vrai! s'il avait pu se jouer à ce point de ma crédulité...

D'ARIGNAN.

Et chaque instant vient révéler aux habitans de Turin une nouvelle infamie du comte de Pérès. Naguère, c'était un jeune homme de seize ans, frappé à mort et presque assassiné dans un duel; aujourd'hui, c'est une malheureuse femme lâchement séduite, trompée par un faux mariage...

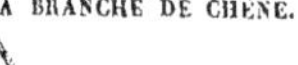

LA BRANCHE DE CHÊNE.

DE LABAUME.

Qu'entends-je?

D'ARIGNAN.

Oui, Jenny d'Albans, la fille d'un pauvre marchand... Les amis de Robert l'ont servi dans cette infernale intrigue; de faux témoins, un prêtre supposé... que vous dirai-je enfin, monsieur le comte? c'est la rougeur au front, c'est le désespoir dans le cœur que je vous donne tous ces détails si honteux, si affligeans pour notre famille; mais le prince lui-même m'a ordonné de rompre le silence, et d'achever de vous ouvrir les yeux.

DE LABAUME.

Le prince!

D'ARIGNAN.

Je le quitte à l'instant, et sa volonté est formelle, irrévocable: demain, par son ordre, le conseil d'état se rassemble pour déclarer le comte de Pérès indigne et déchu à tout jamais de ses droits héréditaires.

DE LABAUME.

Demain!

D'ARIGNAN.

Et de ce moment, tous vos titres doivent appartenir après vous à celui que nous détestons le plus au monde, au marquis d'Elbène.

DE LABAUME.

Ah! jamais! jamais!

D'ARIGNAN.

Cela sera, monsieur le comte, si vous n'adoptez pas le dernier, le seul parti qu'il vous reste à prendre pour sauver votre honneur.

DE LABAUME.

Parlez, expliquez-vous, d'Arignan: voyez, je tremble à la fois de douleur, de colère et d'impatience.

D'ARIGNAN.

Les momens sont précieux, le prince m'attend, et j'ai peine à rassembler toutes mes idées; mais n'est-il pas vrai que vous préféreriez même la mort de votre fils à la flétrissure publique de votre nom?

DE LABAUME, avec hésitation.

Sa mort! Eh bien... oui, d'Arignan, je crois que je la préférerais.

D'ARIGNAN.

Rassurez-vous... Pour arriver au résultat que nous désirons, on ne vous demandera pas qu'il cesse de vivre, on ne vous demandera pas même qu'il soit malheureux; car, à lui, que lui faut-il pour qu'il croie au bonheur? de l'or et des plaisirs... il aura de l'or, et nul ne l'empêchera d'acheter ce qu'il appelle des plaisirs. S'il le faut, à vos richesses je joindrai les miennes, et je les jetterai à mon parent, tout indigne qu'il en puisse être. Le bonheur matériel sera son partage; mais l'autre bonheur, cent fois plus estimable pour un gentilhomme, mais l'honneur dont il n'est pas ja-

3

loux, parce que son ame dégénérée ne peut le comprendre, l'honneur à un autre.

DE LABAUME.

Un autre ! que voulez-vous dire ?

D'ARIGNAN.

Tenez; dans la crainte où j'étais de ne pas vous joindre, j'ai tracé sur ces tablettes, en employant le chiffre que nous avions pour notre correspondance secrète pendant notre exil, j'ai tracé tous les détails de ce projet que vous seul pouvez comprendre... (De Labaume prend vivement les tablettes, et commence à les parcourir.) Je vous laisse, je retourne auprès de son altesse ; songez que le jour va venir, et qu'il faut une réponse décisive avant la séance du conseil. Si vous adoptez le moyen extrême que je vous propose, renvoyez sur-le-champ ces tablettes à mon hôtel par Christian... entendez-vous ? Christian ! Adieu ! adieu, monsieur le comte !

(Il sort par la droite.)

SCÈNE XI.

DE LABAUME, puis ROBERT.

DE LABAUME, achevant de lire tout bas la lettre que lui a remise d'Arignan.

Qu'ai-je lu ! se pourrait-il... ah ! c'est affreux ! et cependant, si mon cousin ne s'est point abusé, si Robert en est réduit à un tel excès de dégradation qu'il me faille lui infliger un châtiment si terrible... Ah ! qu'il vienne ! qu'il vienne ! Je l'attends ! Comte de Pérès, cette fois, entre nous deux ce sera une explication solennelle et décisive... Malheur à toi, si tu as menti à ton vieux père, si tu es un parjure et un hypocrite ! malheur, malheur à toi !

ROBERT, paraissant au fond, dans la rue, et suivi de plusieurs jeunes gens.

C'est bien, amis, c'est bien ! allez m'attendre, je suis à vous.

(Il ouvre la grille, et entre dans le jardin de plain-pied avec le salon placé sur le devant du théâtre.)

DE LABAUME.

Ah ! c'est lui !

ROBERT.

De l'or ! de l'or ! à tout prix, j'en aurai, je vous promets que j'en aurai. (Les jeunes gens s'éloignent; Robert descend la scène et entre dans le salon. Le comte éteint vivement le flambeau qui brûlait à côté de lui, et se retire dans un coin du salon.) Quatre mille ducats d'or ! Perdus ! perdus sur parole... et la chance allait tourner, j'en suis sûr, lorsqu'on a refusé de croire plus long-temps à cette parole, et de me laisser prendre ma revanche... et rien... rien !... Oh ! serai-je donc toujours, tou-

jours à la merci de mon père ? Combien de temps encore sera-t-il là pour m'empêcher de puiser à pleines mains dans ce riche héritage ?... Quatre mille ducats d'or ! Il me les faut, et à l'instant ! à l'instant même ! où les trouver ? qui me les donnera ?... Ah ! je me souviens... là, dans cette chambre... les diamans qui entourent le portrait de ma mère... à moi ! à moi ces diamans ! Entrons.

(Il marche précipitamment vers la chambre à gauche, au premier plan. Il soulève le rideau. Lavinia paraît et l'arrête.)

SCÈNE XII.

LES MÊMES, LAVINIA.

LAVINIA.

Arrêtez, Robert ! (Une lumière venant de la chambre d'où elle sort éclaire le coin du salon où elle se trouve avec Robert.) Il y a cinq ans, à pareille heure, votre mère est morte en vous bénissant.

ROBERT.

Lavinia ! laissez-moi ! laissez-moi !

(En se retournant pour éviter les regards de Lavinia, il se trouve face à face avec le Comte.)

DE LABAUME.

Robert, tu es un infâme.

ROBERT.

Monseigneur !

DE LABAUME.

Ah ! jamais on ne s'était parjuré dans notre famille : c'est toi qui t'es joué le premier de la sainteté du serment ! traître ! traître ! traître !

LAVINIA.

Ah ! ne le maudissez pas... c'est mon frère !

DE LABAUME.

Ne lui donnez plus ce titre de frère, Lavinia. Non, ce n'est pas là le comte de Pérès, ce n'est pas là mon fils ! Il ment s'il ose dire encore qu'il est gentilhomme, et je le déclare indigne de porter une épée.

ROBERT, avec colère.

Monsieur le comte...

DE LABAUME, lui arrachant son épée.

Loin de lui ! loin de lui cette arme qu'il déshonore ! Qu'on lui donne une livrée de valet, et qu'on m'amène le dernier de mes gens ! je l'appellerai mon fils plutôt que cet homme... car le dernier de mes gens est plus noble que lui !

ROBERT.

Monseigneur, si tout autre que vous avait osé...

LAVINIA.

Ah ! Robert ! vous me tuez... Mon père ! grâce ! grâce pour lui !

(Lavinia tombe aux genoux de son père. Rentrent en scène par le fond Bénédict et Christian ; celui-ci tient à la main un flambeau qu'il pose en entrant.)

∞∞∞∞∞∞∞∞∞∞∞∞∞∞∞∞∞∞∞∞∞∞∞∞∞∞∞∞∞∞∞∞∞∞∞∞∞∞

SCÈNE XIII.

Les Mêmes, CHRISTIAN, BÉNÉDICT.

CHRISTIAN.

Qu'est-ce donc? que s'est-il donc passé?

BÉNÉDICT, à de Labaume.

Qu'avez-vous, monseigneur?

CHRISTIAN.

Au nom du ciel, répondez-moi !

DE LABAUME, revenant à lui, et regardant tous ceux qui l'entourent.

Ah! Christian, Bénédict, le sort en est jeté... C'est toi, Robert, c'est toi qui nous as fait à tous cette misérable destinée... qu'elle s'accomplisse. (Faisant un signe à Christian et l'amenant sur le devant de la scène.) Christian, ces tablettes à l'hôtel du comte d'Arignan.

CHRISTIAN, avec surprise.

Ces tablettes !... (De Labaume fait un signe impératif.) J'obéis.

(Il s'éloigne lentement par le fond en regardant toujours le Comte d'un air étonné. Même mouvement de surprise de la part de tous les personnages. La toile tombe.)

❀❀❀❀❀❀❀❀❀❀❀❀❀❀❀❀❀❀❀❀❀❀❀❀❀❀❀❀❀❀❀❀❀❀❀❀❀❀

ACTE TROISIÈME.

Un petit salon chez le comte de Labaume.

SCÈNE I.

LE COMTE, D'ARIGNAN, CHRISTIAN.

(Au lever du rideau, le Comte est assis ; d'Arignan est debout au milieu du théâtre. Christian est au fond, presque sur le seuil de la porte, et semble se disposer à sortir. Le Comte et d'Arignan lui font signe de rester et de s'approcher d'eux.)

DE LABAUME.

Demeure, Christian, demeure... tu es intéressé comme nous à cet entretien.

CHRISTIAN.

Moi, monseigneur?

DE LABAUME.

Ferme ces portes, et viens t'asseoir auprès de moi.

CHRISTIAN, à part, en venant s'asseoir entre les deux gentilshommes.

Que signifie tout ce mystère, et que diable ont-ils donc à me dire?
(D'Arignan s'assied à son tour.)

DE LABAUME.

Mon cousin, faites-moi la grâce de commencer; j'ai besoin de rassembler mes idées et mes forces.

D'ARIGNAN.

Christian Geoffrei , vous rappelez-vous bien toutes les circonstances qui accompagnèrent et suivirent la naissance de Robert, comte de Pérès?

CHRISTIAN, regardant de Labaume.

De votre fils ?

D'ARIGNAN.

Pourriez-vous au besoin nous retracer tous ces détails?

CHRISTIAN.

Tous : ils sont présens à ma pensée comme s'ils ne dataient que d'hier... C'est que ces événemens, monseigneur, sont liés à une époque qui a laissé des souvenirs glorieux dans le cœur de bien des gens... dans le mien, par exemple...

D'ARIGNAN.

Ce ne sont pas là les opinions de votre fils Bénédict.

CHRISTIAN.

Non, monseigneur... Il respecte mes convictions, je respecte les siennes, et tout va pour le mieux.

D'ARIGNAN.

Revenons au comte de Pérès... Le secret de son origine fut ignoré de tous jusqu'à notre retour de l'exil?

CHRISTIAN.

De tous... excepté de moi, s'entend, et de sa nourrice, ma bonne Marie... La naissance de cet enfant ne fut pas même déclarée au grand-bailli, ni inscrite à la maison de ville.... Monsieur le comte me l'avait recommandé.

DE LABAUME.

Il est vrai.

CHRISTIAN.

Et votre seigneurie exigea encore de moi cette promesse lorsqu'il fallut vous éloigner de votre fils nouveau-né et entraîner avec vous cette pauvre comtesse évanouie... presque morte... car elle avait dit que , vivante, on ne la séparerait pas de son enfant... Vous partîtes, et je vous accompagnai jusqu'au rivage... Là je restai long-temps , bien long-temps, suivant des yeux avec inquiétude le navire qui portait votre fortune... Puis, 'lorsque mes yeux ne distinguèrent plus rien , et que je fus bien sûr que vous étiez hors de danger, je revins près de ma femme et de nos deux enfans, et , la main étendue sur leur berceau, nous répétâmes ensemble le serment que vous aviez reçu de nous, monsieur le comte, que jusqu'à votre retour, nous ferions un égal partage de soins et de tendresse entre mon fils et le fils du proscrit...

DE LABAUME.

Nous ne revînmes que huit ans après.

CHRISTIAN.

Bénédict annonçait déjà un caractère studieux , réfléchi... votre fils, au contraire... les deux extrêmes... Je ne méritais pas si bien , moi, monseigneur... et vous, vous méritiez mieux... Caprices du hasard !

D'ARIGNAN.

Oui , étranges caprices !... Vous dirai-je, maître Christian , une idée qui m'est venue bien des fois?

CHRISTIAN.

Laquelle ?

D'ARIGNAN , se levant et allant à lui.

C'est qu'il vous eût été possible de substituer votre fils à l'héritier de la famille Labaume.

CHRISTIAN.

Monseigneur ! ce langage... Ah ! si je pouvais croire que vous parliez sérieusement... Mais non, non , c'est impossible !... (Se tournant vers de Labaume.) Et vous, vous qui me connaissez, dites donc à monseigneur d'Arignan que c'est impossible... Vous détournez les yeux !... vous vous taisez !... Par l'âme de mon père! avez-vous des doutes?... ne croyez-vous plus que je sois un honnête homme ?

(Le comte lui tend ta main.)

D'ARIGNAN.

Écoutez... Votre fils n'a ni noblesse ni fortune; ainsi, quels que soient ses talens, il doit vivre et mourir dans les emplois subalternes.

CHRISTIAN.

Je ne le sais que trop... et c'est ce qui me révolte !

D'ARIGNAN,

C'est le fils d'un homme du peuple...

CHRISTIAN.

D'un homme de rien... vous pouvez tout dire.

D'ARIGNAN.

Vous l'aimez, votre fils?

CHRISTIAN.

Si je l'aime? Est-il besoin que je me fasse tuer pour lui ?

D'ARIGNAN.

Christian, vous n'avez qu'à vouloir, et mon cousin va faire de Bénédict l'héritier de ses biens, de ses dignités, de son nom.

CHRISTIAN.

Comment! que dites-vous?

D'ARIGNAN.

Et votre fils sera le comte de Pérès !

CHRISTIAN.

Mon fils !... le comte de Pérès !... je n'ai qu'à vouloir !... (Se retournant vers de Labaume toujours accablé.) Monseigneur, monseigneur... que signifie ?...

DE LABAUME , avec désespoir.

Il le faut, Christian.

D'ARIGNAN.

Oui , ce que j'ai dit tout-à-l'heure en forme de supposition , il faut... m'entendez-vous bien ?... que vous déclariez, en présence du conseil d'état, que c'est une réalité.

CHRISTIAN.

Ah ! c'est un rêve ! c'est un rêve !... Monsieur le comte, au nom du ciel, expliquez-moi...

DE LABAUME.

Christian , ne m'interroge pas... Je te dis qu'il le faut... et tu le vois bien à mon désespoir.

(Musique funèbre en sourdine à l'orchestre.)

D'ARIGNAN, se levant et ouvrant une fenêtre à la droite du public , regardant en dehors; puis se retournant vers de Labaume.

Monsieur le comte, il y a quelques heures, je vous parlais de Jenny d'Albans... Mais j'ignorais encore que la pauvre fille venait de terminer ses jours par un suicide... Aussi on lui a refusé une sépulture en terre sainte, et son vieux père est le seul qui suive son cercueil... Celui qui l'a séduite, celui qu'elle a appelé son époux, et que j'appelle moi, son assassin, Robert oublie au sein de l'orgie et son forfait et la destinée même de sa victime... L'orgie après le meurtre, c'est une journée complète pour lui !

(La musique funèbre a cessé.)

CHRISTIAN , au comte avec expression.

Ah ! Dieu m'est témoin que monseigneur Robert est bien véritablement votre fils !

DE LABAUME, avec douleur.

Oui, mon fils, qui me déshonore ; qui déshonore un nom glorieux depuis dix siècles... mon fils , qui m'a condamné à cet horrible supplice de le haïr, de le mépriser, lui, et de vouloir transporter tous ses droits, tout mon amour à un autre !

CHRISTIAN.

Assez, assez, monseigneur... Je vous comprends.. vous voulez, pour sauver la gloire de votre famille...

D'ARIGNAN.

Oui , sa gloire !... Eh ! que ravirons-nous au comte de Pérès , que ne doive lui enlever dans quelques heures un arrêt flétrissant pour notre race ?... Vous seul , Christian , pouvez empêcher notre ruine... Est-ce que vous la laisseriez se consommer ?... est-ce que vous laisserez notre nom s'éteindre misérablement dans la honte et l'infamie ?... Vous aimez le comte de Labaume ; serez-vous insensible à son opprobre ? Vous aimez votre fils, serez-vous insensible à sa gloire ?... à lui qui a les idées nobles , les passions grandes... C'est à lui qu'il faut de la grandeur , de la noblesse !... Sur un théâtre si élevé, ses talens deviendront sublimes !... Qui sait, une fois qu'il aura fait ce pas immense, quel avenir lui est réservé ?... Rêve pour lui tout ce que tu voudras, bon père ; la vérité peut aller plus loin que ton amour et ton orgueil !

CHRISTIAN.

Ah ! monseigneur, monseigneur ! quel tableau vous me présentez !... Mais vous m'éblouissez sans me convaincre... Mon fils n'a pas une ambition si haute , et je n'en ai pas plus que lui... Je ne veux que son bonheur, et il est heureux...

D'ARIGNAN.

Heureux !... c'est-à-dire qu'il te cache ses chagrins... heureux ! et s'il l'était, voudrait-il s'expatrier, entrer au service de l'Espagne ?

CHRISTIAN.

Lui , Bénédict !

D'ARIGNAN.

Il m'en a fait la demande formelle, et j'ai été forcé de l'appuyer.

CHRISTIAN.

Mais, quand j'accéderais à la proposition que vous me faites, le moyen que ce projet puisse réussir ?... Croyez-vous que ma déclaration seule suffira pour enlever à votre fils ?...

D'ARIGNAN.

Oui, parce que toutes les circonstances la rendent vraisemblable... oui, parce que nous avons tout prévu... oui, parce que le prince le veut, entendez-vous ?... Le prince dont nous fûmes jadis les compagnons d'infortune, s'intéresse autant que nous à la gloire de notre nom, et son autorité souveraine nous garantit d'avance la réussite de notre projet.

CHRISTIAN.

Monseigneur, si votre intérêt, si l'intérêt de mon fils pouvaient me déterminer, soyez bien sûr que je ne regarderais pas à ma vie pour vous servir l'un et l'autre ; mais d'abord je crois que le comte de Pérès peut revenir à des sentimens meilleurs ; et ensuite il ne s'agit pas seulement de ma vie ; mais vous me demandez une déclaration qui me déshonore. Aux yeux du monde, j'y consentirais peut-être ; aux yeux de mon fils, je ne puis. Quoi ! j'irais lui dire que pendant vingt-cinq ans je lui ai traîtreusement prodigué les caresses et les soins d'un père..... que je ne suis pour lui qu'un étranger ; car il ne faudrait pas le mettre du secret, voyez-vous !... non , je me résignerais bien à son indifférence, je n'aurai jamais le courage de me résigner à son mépris, jamais ! jamais !

D'ARIGNAN.

C'est votre dernier mot ?

CHRISTIAN.

Monseigneur, cet entretien est là comme dans un tombeau.

DE LABAUME.

Il suffit ; j'attendais mieux de ton dévouement pour ma personne et de ton amour pour ton fils. Allons ! Dieu le veut.

D'ARIGNAN, bas.

Plutôt mourir que d'accepter l'affront qui nous attend à la séance du conseil !

(Ils sortent ensemble par une porte à gauche du public.)

ooooooooooooooooooooooooooooooooooooooooooooooooooooooo

SCÈNE II.

CHRISTIAN , seul.

Ils sont sortis... Ah ! j'ai là un fameux poids de moins... J'ai vu le moment où je me laissais aller... Mon fils, comte de Pérès, assis dans un bon fauteuil au conseil suprême de son altesse ! et ce qu'il y a de plus noble à la cour d'Emmanuel s'inclinerait devant mon Bénédict ! et sa volonté serait puissante presque autant que celle du prince dans toute l'étendue de la Savoie et du Piémont !... Ah ! quelle gloire pourtant ! quel bonheur je pouvais obtenir pour lui !... et je l'ai refusé !... Allons, allons, n'y songeons plus... Lui, mon fils, devenu un noble et puissant seigneur, et peut-être le favori d'un prince dévoué à l'Espagne ! est-ce que ce sont là des images à présenter à un ami de la France ? Tiens , c'est vrai, mes opinions !... voilà la première fois que j'y songe !... C'est égal, ça m'a fait plaisir... Il faut qu'ils l'estiment fièrement, ce cher Bénédict ! Je vous demande, au fait, pourquoi ce n'est pas lui qui est le grand seigneur au lieu de l'autre ?... Oh ! les hasards de la naissance !... Décidément nous vivons dans un ordre social pitoyable.

SCÈNE III.

BÉNÉDICT, CHRISTIAN.

BÉNÉDICT, *entrant par le fond.*

Eh ! bien, mon père, vous avez vu monsieur le comte ; est-il aussi abattu qu'on le disait ?

CHRISTIAN.

Mais non, il a toujours de l'énergie... Ah ça, il y a donc encore de nouvelles algarades de son fils ?

BÉNÉDICT.

Je ne sais... Vous avez vu comme moi la colère de monseigneur : mais je n'ai pu la comprendre.

CHRISTIAN.

Ce Robert est un vrai renégat. Je viens de lui rendre un service ; mais c'est le dernier.

BÉNÉDICT.

De quoi s'agissait-il ?

CHRISTIAN.

Tu ne le sauras jamais, ni lui non plus... Ah ! mon pauvre Bénédict, monseigneur pense bien du mal de toi !

BÉNÉDICT.

Il n'importe. Je voudrais quitter sa maison. Pour un enfant du peuple, c'est un mauvais séjour que le palais d'un grand seigneur ; il n'y apprend que deux choses, à mépriser ses égaux, à envier ses supérieurs.

CHRISTIAN.

Quel langage !... mais j'y songe... ce qu'il m'a dit est-il vrai ?... Lui as-tu réellement demandé de te faire obtenir un brevet d'officier ?

BÉNÉDICT.

Quoi ! il vous a révélé !...

CHRISTIAN.

C'était vrai ! c'était vrai !... Ainsi, tu veux quitter ton pays, ton père ?

BÉNÉDICT.

Je voulais vous cacher ce projet jusqu'au jour où le moment serait venu de l'accomplir... mais monseigneur ne vous a pas trompé.

CHRISTIAN.

Un garçon calme, studieux, rangé comme toi aurait tant de goût pour la carrière des armes ! allons donc !

BÉNÉDICT.

C'est la seule où je puisse parvenir en peu de temps ; on se fait tuer ou l'on avance. Que voulez-vous, mon père ? je suis ambitieux ! Sans doute, j'ai de nobles protecteurs ; qu'ils continuent à me vouloir du bien, et dans quelque vingt ans, qui sait ? je parviendrai à un emploi de clerc de la trésorerie ! Cela ne fait-il pas une glorieuse perspective ! Non, non, je ne veux pas des emplois civils, où les fonctions élevées sont le patrimoine de quelques familles illustres... Du moins, en en-trant dans l'armée, j'ai l'espoir de ne pas languir toujours dans les rangs inférieurs : avec de l'intelligence et du courage, je parviendrai.

CHRISTIAN.

Ou tu te feras tuer, comme tu le disais !

BÉNÉDICT.

Eh ! bien, qu'importe ?

CHRISTIAN.

Qu'importe ! qu'importe ! Ah ! mauvais fils ! vous allez m'expliquer ceci.

BÉNÉDICT.

Mon père, laissez-moi, je ne sais ce que je dis ; je suis bien à plaindre !

CHRISTIAN.

J'y suis... un pareil désespoir... à ton âge... tu es amoureux !

BÉNÉDICT.

Mon père !

CHRISTIAN.

Et timide comme l'innocence, modeste comme le mérite, tu n'as pas encore osé révéler ton amour. Enfant ! je voudrais bien voir qu'il y eût une femme capable de te résister ! Parbleu ! je me souviendrai pour toi de tous les bons tours de ma jeunesse. Griffonne-moi vite un billet ; je me charge de le faire parvenir entre les mains de la personne. Allons ! une bonne résolution ! de l'é-loquence !

BÉNÉDICT.

Mon père, celle que j'aime ne sera jamais instruite de mon amour.

CHRISTIAN.

Pourquoi ?

BÉNÉDICT.

Parce que cet amour l'outrage.

CHRISTIAN.

Elle est mariée ?

BÉNÉDICT.

Elle est d'une condition trop supérieure à la mienne.

CHRISTIAN.

J'ai deviné.

BÉNÉDICT.

O ciel !

CHRISTIAN.

C'est quelque grande dame dont tu auras fait la connaissance chez cette bégueule de marquise de la Rovère.

BÉNÉDICT, *à part.*

Je respire. (Haut.) Ne m'interrogez pas.

CHRISTIAN.

Je ne me suis pas trompé. Qu'allais-tu faire dans cette maudite maison ?

BÉNÉDICT, *à part.*

Je voulais me distraire !

CHRISTIAN.

D'une condition supérieure à la tienne !... Il est certain que si c'est une fille noble, jamais le fils d'un plébéien...

BÉNÉDICT.

Jamais !

CHRISTIAN.

Tu reconnais donc la folie de ton amour ? tu l'oublieras.

BÉNÉDICT.

J'essaierai. Et c'est pour cela que l'éloignement... des habitudes nouvelles...

CHRISTIAN.

Encore ce projet d'exil !... Ah ! je conçois maintenant pourquoi tu es ambitieux ! tu veux t'élever jusqu'à elle. Mais voilà tous les symptômes d'une passion profonde... Ah ! mon Dieu, mon Dieu, et moi qui ne m'apercevais de rien !

BÉNÉDICT.

Mon père, cessez de vous occuper de moi ; ma folie ne mérite pas de pitié. Tenez, de grâce, rompons cet entretien, et ne le reprenons plus.

(Il s'assied.)

CHRISTIAN, à part.

Je n'en saurai pas davantage de ce côté ; mais le petit Piétros, qui le sert, est un garçon intelligent ; je vais le faire parler... Allons, Christian, voici une occasion d'être utile à votre fils ; ne la laissez pas échapper !... Il ne fait plus attention à moi... il veut être seul... Comte de Pérès ! membre du conseil-d'état !... ah ! voilà un incident qui arrive bien mal à propos... Membre du conseil-d'état, comte de Pérès ! c'est qu'en effet il a la mine d'un gentilhomme, ce garçon-là !

(Il sort lentement à droite.)

ooooooooooooooooooooooooooooooooooooooooooooooooo

SCÈNE IV.

BÉNÉDICT, puis LAVINIA.

BÉNÉDICT, se levant et le suivant des yeux.

Il est enfin sorti !... je lui ai laissé deviner une partie de mon secret... qu'importe ! il le faut bien ! mon pauvre père ! Puisque je suis décidé à partir, à m'exiler... il faut bien qu'il le sache.

LAVINIA, qui est entrée par le fond sur ces derniers mots.

Partir, vous exiler !

BÉNÉDICT.

C'est vous, madame... vous m'écoutiez...

LAVINIA.

Bien involontairement, je vous l'assure. Mais quel secret le hasard m'a fait surprendre !... vous voulez fuir cette maison ?

BÉNÉDICT.

Le même jour et peut-être la même heure nous verra partir de Turin : vous, madame, pour le cloître, et moi...

LAVINIA.

Mon départ est ajourné.

BÉNÉDICT.

Comment ?

LAVINIA.

Dieu, qui est mon père là-haut, ne m'en voudra pas de sacrifier quelques jours à celui qu'il m'a donné pour père ici-bas... Je ne puis quitter le comte de Labaume après les tristes scènes... et peut-être trouverai-je l'occasion de rendre de nouveaux services à mon frère.

BÉNÉDICT.

Ici ou dans le cloître, près de vos parens ou près des malades, votre existence sera partout la même... toute de vertus et de sacrifices. Pour vous, le bonheur est dans le dévouement. Soyez heureuse !... mais puisque vous restez dans cette maison, plus que jamais j'ai hâte de m'en éloigner.

LAVINIA.

Où allez-vous ?

BÉNÉDICT.

Je vais entrer au service... je pars pour l'Espagne.

LAVINIA.

Vous, monsieur !

BÉNÉDICT.

Madame, avant de vous dire adieu, je dois répondre en honnête homme à une grande marque de confiance que vous m'avez donnée... cette surprise que vous ménagiez à votre père...

LAVINIA.

Mon portrait ?

BÉNÉDICT.

Je l'ai achevé.

LAVINIA.

Sans moi !

BÉNÉDICT.

De souvenir. Le voici. (Il le lui donne.) Et cependant, puisque vous ne partez plus, à quoi bon donner votre portrait à celui qui peut vous voir tous les jours ? c'est à l'ami qui s'éloigne que cette consolation serait due.

LAVINIA.

O ciel ! vous me demandez...

BÉNÉDICT.

Oui, ce souvenir de vous, cette image, cette relique ! Sur les mers que je vais traverser, je la tiendrai près de mon cœur, et je ne craindrai pas la tempête... c'est un talisman qui vous répond de ma vie !

LAVINIA.

Vous donner mon portrait, grand Dieu ! mais y songez-vous ? mais quel sens aurait ce présent ?

BÉNÉDICT.

Il signifierait que vous m'avez compris, que vous me plaignez, que vous me regretterez... et vous l'avoir demandé comme je le fais, avec des pleurs dans les yeux et des sanglots dans la voix, cela signifie que mon secret m'est échappé, que je suis fou, que je suis maudit, que je vous aime !

(Il se jette à ses pieds.)

SCÈNE V.

LES MÊMES, ROBERT.

ROBERT, paraissant au fond.

A merveille !

LAVINIA.

Ciel ! mon frère !

ROBERT, descendant la scène, et se plaçant entre Bénédict et Lavinia.

Je vous félicite, monsieur ; je n'ai pas entendu votre déclaration, mais je devine que vous deviez parler avec éloquence !

BÉNÉDICT.

Monsieur le comte, je n'ai qu'un mot à vous dire : c'est que je suis le seul coupable, et que jamais votre sœur n'a autorisé.

ROBERT.

Hé ! monsieur, est-ce qu'il est ici question de ma sœur ? et vous figurez-vous que mademoiselle de Labaume puisse abaisser les yeux sur vous, même quand vous seriez un siècle à ses pieds !

LAVINIA.

Robert, je vous supplie...

ROBERT.

Eh bien ! n'êtes-vous pas de mon avis, ma sœur ?

BÉNÉDICT.

Cet emportement d'un amour que je blâme plus que personne ne pouvait avoir de suites. J'annonçais à madame mon prochain départ.

ROBERT.

Ah ! c'était une scène d'adieux ! Vous vous décidez à partir ! vous perdez sitôt l'espérance ! Pourquoi ? vous avez tort ; quand on a votre mérite, monsieur Bénédict...

LAVINIA.

Ah ! mon frère !

BÉNÉDICT.

Monsieur le comte, cessez de m'accabler par vos railleries insultantes.

ROBERT.

Moi, vous insulter ! vous railler ! oh ! non, je n'ai garde, je sais trop tout le respect que je dois à monsieur Bénédict !

BÉNÉDICT, furieux,

Monsieur le comte !

ROBERT.

Ce n'est pas un homme ordinaire que monsieur Bénédict... tout le monde ici l'exalte, l'admire... c'est son nom, son nom illustre que sans cesse on fait retentir à mes oreilles ; et l'on a de tels égards pour monsieur Bénédict Geoffrei, que parfois je

suis tenté, moi le seigneur et maître, de courber le front devant lui.

LAVINIA, éclatant.

Et vous feriez bien peut-être... car si l'un de vous s'est acquis jusqu'à ce jour des droits au respect et à l'estime de tous, ce n'est pas vous, comte de Pérès.

ROBERT.

Lavinia, je vous comprends... vous l'aimez !

LAVINIA.

Convenez du moins, monsieur, que vous faites tout dans ce moment pour que j'accueille sans colère l'aveu de sa tendresse ; convenez que je puis, en le comparant à vous, oublier sa naissance et la vôtre, et croire que la fortune a eu tort avec tous les deux.

ROBERT.

Ainsi, madame, vous ne cherchez plus à cacher la coupable faiblesse que vous inspire ce misérable ?

BÉNÉDICT.

Prenez garde, monseigneur, que le misérable ne puisse pas toujours se contraindre jusqu'à supporter vos injures.

LAVINIA, allant vivement se placer entre Bénédict et Robert.

Ah ! pas un mot de plus, monsieur Bénédict... Vous êtes ici chez mon père, et lorsqu'on vous offense dans sa maison, devant moi, c'est à moi, en son absence, à moi qu'il appartient de réparer un tel outrage.

ROBERT.

Lavinia !...

LAVINIA.

Oh ! laissez-moi parler, mon frère ; car j'ai, grâce à vous, un devoir sacré à remplir. Oui, je vous le dis encore, la fortune a eu tort avec tous les deux... et c'est vous qui sans cesse m'avez affermie dans cette pensée, lorsque je voulais la repousser loin de moi. Chacune de vos paroles, de vos actions, m'a prouvé que je ne m'abusais pas ; toutes les fois que vous vous rendiez coupable d'un nouveau tort à mes yeux, je découvrais en lui une vertu nouvelle. Ainsi, tout ce qu'il y avait pour vous dans le cœur de mon père, dans le mien, de dévouement et d'aveugle tendresse, vous l'avez rebuté, lassé ; tous les liens les plus doux, les plus sacrés, ont été rompus par vous, et lui, lui que vous dédaignez tant, monsieur il a mérité, il a gagné enfin ce que vous avez voulu perdre, toute notre affection et...

ROBERT.

Et tout votre amour, n'est-il pas vrai, madame ?

LAVINIA.

Eh ! bien... eh ! bien, oui, monsieur, tout mon amour, puisque vous me forcez à le dire.

BÉNÉDICT.

Ah ! Lavinia, tant de bonheur...

(Robert fait un geste de colère.)

LA VINIA, se retournant vers Bénédict.

Monsieur, vous allez partir ; vous le devez maintenant, et c'est moi qui vous en prie à mon tour ;
mais ce présent, ce souvenir d'amitié que vous me
demandiez tout à l'heure, tenez, le voici !

BÉNÉDICT.

Ce portrait ?

LAVINIA.

Il est à vous.

(Elle le lui donne.)

ROBERT.

A lui votre portrait, Lavinia !

LAVINIA.

Mon frère, vous l'avez voulu... Adieu, monsieur
Bénédict, adieu pour toujours !

(Elle sort par le fond.)

SCÈNE VI.

ROBERT, BÉNÉDICT.

BÉNÉDICT.

Je suis aimé !

ROBERT, se rapprochant de Bénédict, et lui redisant
d'un air significatif la dernière phrase de Lavinia.

Adieu pour toujours ! Il faut que cela soit, songez-y bien ; mais il faut aussi que vous me rendiez
ce portrait.

BÉNÉDICT.

Vous avez un moyen, un seul, de me le reprendre, c'est de me tuer, monsieur.

ROBERT.

Vous n'êtes pas gentilhomme, et je ne puis me
battre avec vous.

BÉNÉDICT.

Et moi, je songe à votre père, à celle qui vient
de me dire un éternel adieu, et je puis encore me
résigner à oublier des insultes que tout autre que
vous, comte de Pérès, m'eût déjà payées de sa
vie. Je vous conseille, monseigneur, de suivre mon
exemple. Oubliez pour le repos même de votre
père tout ce qui vient de se passer, et je vous jure
qu'un secret éternel...

SCÈNE VII.

LES MÊMES, CHRISTIAN, rentrant à droite.

CHRISTIAN, à lui-même.

Je n'ai pu rien apprendre ; et cependant il
faut...

(Il s'arrête en voyant les deux jeunes gens.)

ROBERT, après un temps de silence et de réflexion.

Soit, monsieur, un secret éternel... mais vous
allez sortir de l'hôtel à l'instant, à la minute, sans

parler à qui que ce soit, sans voir mon père, et,
de votre vie, vous n'aurez plus de relations avec
lui...

CHRISTIAN, s'avançant.

Plaît-il ? je n'ai pas bien entendu ce que disait
votre seigneurie.

ROBERT.

Maître, j'ordonne à ton fils de sortir de cette
maison à l'instant même.

CHRISTIAN.

Et vous lui défendez...

ROBERT.

D'entretenir les moindres relations avec ceux
qui l'habitent.

CHRISTIAN.

C'est une plaisanterie charmante ! Votre seigneurie ne manque pas d'esprit ; mais je ne la
croyais pas capable de railler avec un si grand air
de bonne foi. Bravo ! très bien !

ROBERT.

Maître Christian, trève aux insolences ! le moment est mal choisi.

CHRISTIAN.

Monseigneur comte de Pérès, trève aux plaisan-
teries ! ce jour est un jour de deuil !

ROBERT.

Pas un mot de plus, drôle, ou bien...

BÉNÉDICT.

Monseigneur, savez-vous que je ne souffrirai pas
que devant moi on parle ainsi à mon père !

CHRISTIAN.

Laisse donc, Bénédict ! est-ce que ses injures
ont de la valeur ? je le sais par cœur des pieds à la
tête, et ne m'aviserai jamais de le prendre au sé-
rieux !

ROBERT.

C'en est trop ! Sortez tous deux, et sur l'heure,
et ne me forcez pas à vous montrer comment on
chasse des valets insolens.

BÉNÉDICT, allant à lui.

Des valets !

ROBERT, levant sa cravache.

Holà ! maître vous me touchez !

CHRISTIAN, se jetant entre eux deux et arrêtant le
coup.

Ah ! monseigneur, monseigneur ! tu me paieras
cher celui-ci !

BÉNÉDICT.

Ah ! du sang, du sang pour une telle injure ! Assassin de Jenny d'Albans, ta vie, ta vie ou la
mienne !

ROBERT.

Allons donc, ne vous l'ai-je pas dit ? est-ce
qu'un homme comme moi peut se battre avec un
homme comme vous ? Est-ce que vous portez l'épée ?

BÉNÉDICT.

Tu refuses ? tu ne sais donc tuer que des enfans
et des femmes, lâche !

CHRISTIAN.

Assez, Bénédict, assez ! Il disait vrai, un homme comme toi ne peut se battre avec un homme comme lui. (Marchant vivement vers la porte à gauche, et appelant après l'avoir ouverte.) Venez, venez, messeigneurs !

(Entrent le comte et d'Arignan.)

SCÈNE VIII.

LES MÊMES, D'ARIGNAN, DE LABAUME.

CHRISTIAN, très vite, et avec une sorte de rage.

Depuis vingt-cinq ans je vous ai trompés tous. J'ai eu la coupable audace de substituer mon enfant à celui d'un gentilhomme... J'avoue mon crime, et je veux enfin faire connaître à tous la vérité. (Montrant Robert.) Mon fils, le voilà, c'est lui ! et le fils de monseigneur de Labaume, Robert, comte de Pérès, c'est lui !

(Il montre Bénédict.)

BÉNÉDICT.

Ah ! mon père, revenez à vous !

ROBERT.

C'est un incroyable délire.

CHRISTIAN.

Je vous attends, messeigneurs, je suis prêt à répéter cette déclaration au péril de ma vie devant le conseil de son altesse.

(D'Arignan et le comte font deux pas pour le suivre ; stupéfaction des deux jeunes gens.)

ACTE QUATRIÈME.

Le théâtre représente une salle dans le palais du conseil-d'état.

SCÈNE I.

LE COMTE DE LABAUME, D'ARIGNAN.

DE LABAUME.

C'est pour aujourd'hui ?

D'ARIGNAN.

Ce soir, la cour va rentrer en séance dans cette salle pour prononcer la sentence. Qu'avez-vous ? Vous souffrez, n'est-ce pas ?

DE LABAUME, s'asseyant.

Oui, je souffre plus que je ne puis le dire, plus que vous ne pourriez le concevoir.

D'ARIGNAN.

Moi-même je ne suis pas sans émotion, sans effroi, jusqu'à l'entière conclusion de cette affaire. D'abord, toutes les chances nous ont été favorables. La déclaration de Christian Geoffrei a paru aux yeux de tous présenter le caractère de la vérité. Cette proscription, cet exil, le même âge des deux enfans, la facilité qu'il eut à les changer... et plus encore, les qualités, les vertus de ce jeune Bénédict, qui paraît si digne qu'un sang noble coule dans ses veines, enfin l'habileté, l'acharnement de Christian à soutenir son personnage, tout cela a puissamment agi sur la conviction des juges, et depuis long-temps sans doute la sentence serait prononcée, si des obstacles suscités par notre ennemi, le marquis d'Elbène, n'étaient venus se jeter au travers de la procédure, combattre même la résolution de son altesse. Ils ont ramené le doute là où il y avait une entière persuasion...

Et pour céder à leurs instances, votre vieux serviteur doit être soumis à de nouvelles épreuves... Depuis dix jours, on l'a jeté dans un cachot.

DE LABAUME.

O ciel ! malheureux Christian !

D'ARIGNAN.

Vaincu par la douleur, il se rétractera.

DE LABAUME.

Non, ne le croyez pas, d'Arignan, et c'est là que vous apprendrez à le connaître, ce plébéien obscur, dont la vie est un jouet entre nos mains ; cet ami de vingt-cinq ans, qui va périr peut-être, instrument et victime de notre orgueil... Mais moi ! moi ! accepter cet affreux sacrifice ! Ah ! qu'avons-nous fait ! qu'avons-nous fait ! et n'est-il donc aucun moyen de retourner en arrière ?

D'ARIGNAN.

Plus bas ! plus bas ! Un espion du marquis d'Elbène pourrait vous entendre.

DE LABAUME.

Oui, un espion ! Il faut que j'apprenne à me contraindre, à présent, à renfermer au fond de mon âme tout ce que je pense et tout ce que j'éprouve... Je vais attendre l'arrêt de la haute cour : quel qu'il soit, il me tuera, monsieur le comte.

(Il sort par la droite.)

SCÈNE II.

D'ARIGNAN, puis UN HUISSIER.

D'ARIGNAN.

Malheureux vieillard ! L'abandonnerai-je à cette sombre tristesse ?... Seul, dans l'appartement qu'il occupe dans ce palais jusqu'à l'issue de cette déplorable affaire, il en sortirait peut-être, attiré malgré lui vers cette salle, lorsque les juges vont rentrer en séance, et sa faiblesse paternelle le trahirait sans doute. Comment empêcher ?... Ah ! sa fille... oui, je vais donner des ordres pour que Lavinia soit amenée auprès de son père.

(Il sonne, un huissier entre en scène ; d'Arignan lui parle à l'oreille. Pendant ce temps, Bénédict entre par le côté d'où vient de sortir le comte de Labaume.)

SCÈNE III.

BÉNÉDICT, D'ARIGNAN.

BÉNÉDICT, regardant la coulisse par laquelle il est entré.

Le comte de Labaume, je l'ai vu, j'ai voulu lui parler, et il s'est éloigné à mon approche, comme s'il refusait de me reconnaître. Il faut pourtant, il faut que j'aie un entretien avec lui, avant qu'on ait décidé de notre sort.

D'ARIGNAN, s'approchant de lui après avoir congédié l'huissier.

Jusque là, comte de Pérès, de hautes convenances s'opposent à ce que vous soyez réunis.

BÉNÉDICT.

Comte de Pérès ! encore ce titre à moi !

D'ARIGNAN.

Je ne fais que devancer d'une heure au plus la reconnaissance solennelle qui sera faite ici même de vos droits et de votre illustre origine.

BÉNÉDICT.

Mes droits ! mon illustre origine ! Tenez, il y a des instans où je me demande si tout cela n'est pas un jeu cruel, une amère raillerie dont on se plaît à m'insulter, à me désespérer. Monseigneur, ah ! je vous en supplie, par grâce, s'il en était ainsi, faites que cela cesse ; car il y a cruauté à se jouer de ce qu'il y a de plus sacré, de plus respectable au monde, l'amour d'un enfant pour son père.

D'ARIGNAN.

Les nobles sentimens que vous faites paraître, cette piété filiale si opposée à l'indifférence de celui qui, jusqu'à ce jour, avait usurpé votre nom, et votre hésitation à recevoir des honneurs qui doivent vous appartenir, sont autant de preuves que vous saurez les mériter. Heureux donc si je puis bientôt, à la face de tous, me glorifier de compter un homme tel que vous dans notre famille... heureux si, à la face de tous, je vous vois ce soir même pressé dans les bras de votre père, le noble comte de Labaume ! A bientôt, monseigneur.

(Il sort.)

SCÈNE IV.

BÉNÉDICT, seul.

Monseigneur !... Il persiste, et de toutes parts c'est ainsi qu'on m'appelle ! Que dois-je croire ? Malheureux ! depuis que les révélations inattendues de mon père, de celui que j'étais habitué à nommer mon père, ont apporté un si grand changement dans ma destinée, mon cœur est comme une nuit d'orage où les yeux ne peuvent rien distinguer. Moi, Robert, comte de Pérès, et ce soir, monseigneur de Labaume me presserait dans ses bras ! Ah ! si le respect le plus profond, si le dévouement le plus complet sont les seuls sentimens qu'il exige de son fils, n'a-t-il pas dû depuis longtemps les attendre de Bénédict ? Mais, malgré moi, mon amour est toujours à celui qui m'éleva avec tant de soins et de tendresse, et qui maintenant... Croirai-je que cet homme que j'ai tant aimé, dont le cœur me paraissait si franc et si loyal à travers toutes ses brusqueries, ait commis le crime horrible dont lui-même il s'accuse ? Oh ! non, non, cela ne peut pas être... Le voilà ; ses gardes sans doute le ramènent devant ses juges... Grand Dieu ! comme il est pâle !

SCÈNE V.

BÉNÉDICT, CHRISTIAN, GARDES au fond.

CHRISTIAN, entrant et marchant avec peine, soutenu par deux gardes.

Un instant, camarades, par pitié... Depuis dix jours dans cette prison, j'ai besoin d'air, de lumière... par pitié, laissez-moi respirer un instant !

(Il vient tomber à demi évanoui sur un fauteuil.)

BÉNÉDICT, vivement, en se rapprochant de lui.

Mon père ! mon père ! revenez à vous ; c'est moi qui vous presse dans mes bras, moi, votre fils.

CHRISTIAN.

Mon fils ? qui a dit cela ? toi, Bénédict ! Pardon, monseigneur !

BÉNÉDICT.

Monseigneur ! toujours ! toujours ! Mais que vous

ai-je donc fait pour que vous renonciez à moi, pour que vous ne m'appelliez plus votre fils ?

CHRISTIAN.

Mon fils!... Est-ce que vous me permettez encore de vous donner ce nom ?

BÉNÉDICT.

Est-ce que vous avez la cruauté de me le retirer ?

CHRISTIAN.

Après ma déclaration devant le tribunal.

BÉNÉDICT.

Dites-moi, dites-moi que je ne dois pas y croire.

CHRISTIAN.

Pourtant je ne l'ai pas démentie lorsqu'ils m'ont jeté dans cet horrible cachot !

BÉNÉDICT, poussant un cri de douleur.

Ah ! les cruels ! tout mon sang a frémi... Il me semble que moi aussi, je ressens là, une à une, toutes les angoisses qu'on vient de vous faire subir. Ah ! tout cela cache un incroyable mystère que je dévoilerai peut-être... Mais je ne puis me tromper à la terreur, aux tourmens que j'éprouve : vous êtes mon père, oui, mon père.

CHRISTIAN, se levant et se jetant dans ses bras.

Bénédict ! mon cher Bénédict !

BÉNÉDICT.

Eh bien ! achevez, n'hésitez pas à me dire toute la vérité. Voyez, voyez à mon désespoir combien je serais heureux de n'être pas le fils du noble comte.

CHRISTIAN.

Le comte... (A part.) O ciel ! qu'a-t-il dit?... J'allais tout oublier... (Se retournant vers les gardes.) Emmenez-moi, emmenez-moi, vous autres, je suis mieux maintenant... Le patient a repris des forces, et il pourra tout à l'heure se soutenir devant ses juges.

BÉNÉDICT.

Vous me quittez ! déjà !

CHRISTIAN.

Il le faut.

BÉNÉDICT.

Mais vous alliez parler, et peut-être...

CHRISTIAN.

Oui, j'allais vous demander pardon de vous avoir si long-temps caché votre origine.

BÉNÉDICT.

Mais, malgré vos souffrances, j'ai cru voir, oui, j'ai vu la joie briller dans vos yeux.

CHRISTIAN.

Vous étiez si généreux, si noble... je m'applaudissais de vous avoir rendu la place qui vous est due.

BÉNÉDICT.

Mais vous m'embrassiez, vous m'appelliez votre cher Bénédict?

CHRISTIAN.

Ah ! c'est qu'on n'a pas eu vingt-cinq ans au-

près de soi un enfant qui vous a comblé d'amour, sans laisser prendre son âme à partager tant de tendresse, sans l'aimer et le chérir aussi, lui... surtout, monseigneur, quand on se sentait si coupable envers lui.

BÉNÉDICT.

Coupable! il est donc vrai !

CHRISTIAN.

Votre dévouement pour moi, qui venait me poursuivre sans cesse, indigne que j'en étais... me faisait trop rougir... me rendait trop malheureux, et je le suis moins, je crois, maintenant que vous savez tout : je n'ai pu voir sans colère celui à qui j'avais donné votre place, vous insulter et lever la main sur vous... J'ai senti alors au violent transport qui s'est emparé de mon âme, qu'à moi seul il appartenait de châtier cet outrage; j'ai senti qu'après tous mes torts, je vous aimais plus que lui, et j'ai parlé; je l'ai perdu en me perdant moi-même; mon crime est expié, justice est faite ; vous reprenez votre nom, votre rang, votre place, et désormais vous serez heureux.

BÉNÉDICT.

Heureux !... jamais !

CHRISTIAN.

Vous ne direz plus que vous n'avez pas d'avenir, et vous pourrez enfin, monsieur le comte, épouser celle que vous aimez.

BÉNÉDICT.

Celle que j'aime! Grand Dieu! pourquoi avez-vous prononcé cette parole ?

CHRISTIAN.

Quel effroi !... je ne puis comprendre...

BÉNÉDICT.

Oui, je l'aime comme un insensé, et cette passion imprudente, et ce délire, dont je ne guérirai qu'en perdant la vie, vous, vous en avez fait un crime... Ah ! malheur, malheur à vous qui m'avez dérobé jusqu'à ce jour le mystère de ma naissance; malheur à vous qui me tuez en me l'apprenant aujourd'hui ! celle que j'aime, c'est Lavinia ! c'est ma sœur !

CHRISTIAN.

Sa sœur ! (A part.) Ah ! misérable, qu'ai-je fait?

(Lavinia entre par la gauche avec d'Arignan. Les gardes ont entouré Christian ; Bénédict a été s'asseoir à droite, et, la tête cachée dans ses mains, paraît plongé dans un morne désespoir.)

SCÈNE IV.

Les mêmes, D'ARIGNAN, LAVINIA.

LAVINIA, à d'Arignan.

Je vous remercie de m'avoir fait appeler; si mon père est souffrant, ma place n'est-elle pas auprès de lui?

D'ARIGNAN.

Votre voix saura mieux que la mienne lui faire comprendre qu'il doit se réjouir et non pas s'affliger de l'arrêt qui va vous rendre à lui un fils, à vous un frère digne de votre tendresse.

LAVINIA.

Un frère !

CHRISTIAN, à d'Arignan, à demi-voix.

Monseigneur, monseigneur, il faut que je vous parle, à l'instant, à l'instant même.

D'ARIGNAN, après l'avoir regardé attentivement.

C'est bien; je suis à vous. Madame, faites-vous conduire dans l'appartement occupé par votre père.

(Il sort par la gauche, au premier plan, avec Christian et les gardes.)

SCÈNE VII.

BÉNÉDICT, LAVINIA.

(La sortie des personnages précédens a découvert Bénédict aux yeux de la jeune fille.)

LAVINIA, l'apercevant.

Ah ! monsieur Bénédict !

BÉNÉDICT.

Lavinia !

LAVINIA.

Vous pleurez!

BÉNÉDICT.

Et vous , êtes-vous heureuse ?

LAVINIA.

Moi !... Il y a là un chagrin vague, indicible, que je voudrais, que je ne puis bannir.

BÉNÉDICT.

Et là, un sentiment de tristesse que rien ne saurait vaincre, et qui ne finira qu'avec ma vie.

LAVINIA.

Peut-être, si je souffre ainsi maintenant, c'est parce qu'on vient de me parler des angoisses de mon père.

BÉNÉDICT.

Et moi, c'est peut-être parce que j'ai vu le mien tomber à mes pieds, épuisé par la douleur, en sortant des mains de ses bourreaux.

LAVINIA.

Ah ! pauvre Christian ! c'est de lui que vous voulez parler.

BÉNÉDICT.

Oui, de lui... Que voulez-vous ? on ne perd pas en un jour ses habitudes, ses affections de toute la vie ?

LAVINIA.

Oh ! non, non... Mais j'oublie auprès de vous que je dois rejoindre mon père. Pardon , monsieur Bénédict... (Elle lui tend la main.) mon frère !

BÉNÉDICT.

Ma sœur ! (Retenant doucement la main qu'elle cherche à retirer.) Maintenant , ils disent tous que j'ai le droit de vous appeler ainsi.

LAVINIA.

Qui l'aurait cru, il y a quelques jours?

BÉNÉDICT.

Quel changement dans nos destinées !

LAVINIA.

Pour vous, pour mon père et pour moi, c'est un bonheur.

BÉNÉDICT.

Oui, un bonheur, mais étrange, que nous ne pouvons goûter encore, parce qu'il est trop loin de toutes nos prévisions, de toutes nos espérances, parce qu'il s'est annoncé sous les plus tristes présages... pour moi, du moins; oui , ce bonheur, vous le dirai-je, il m'a frappé là comme un jeu cruel du sort, comme la plus grande infortune qu'il eût fait peser sur moi... Votre main tremble , Lavinia !

LAVINIA.

C'est que chacune de vos paroles a du retentissement dans mon cœur... 'c'est qu'en songeant à l'arrêt qu'on va rendre, je n'ose plus ni rejeter les yeux sur le passé, ni chercher à lire dans l'avenir; c'est qu'enfin, après le jour où j'ai perdu ma mère, celui-ci me semble le plus affreux, le plus misérable de toute ma vie... Oh ! mais ce sont d'horribles pressentimens, de folles visions, contre lesquels tu me prêteras ton appui, mon Dieu... Et vous, Bénédict , mon frère , donnez-moi donc de la force et du courage pour les chasser loin de moi.

BÉNÉDICT.

De la force , du courage !... Aujourd'hui, Lavinia , je n'ose pas en espérer pour moi-même; le temps seul peut-être...

LAVINIA.

Oui, le temps; on assure qu'il fait tout oublier.

BÉNÉDICT.

Tout ! je ne crois pas , Lavinia.

LAVINIA.

Et puis, il y a des consolations dans l'accomplissement d'un devoir... les soins de tous les instans dant nous entourerons la vieillesse de mon père...

BÉNÉDICT.

Ceux qu'on me permettra peut-être de donner à celui qui fut si long-temps le mien...

LAVINIA.

Notre amitié qui date de l'enfance...

BÉNÉDICT.

Oui, notre amitié...

LAVINIA.

Affection sainte et pure, que ce nouveau lien doit augmenter encore... Vous voyez bien, Bénédict, que nous pouvons toujours être heureux.

BÉNÉDICT.

Toujours!... vous avez raison, Lavinia, toujours heureux.

LAVINIA.

Allons, je vous laisse; du courage.

(Elle lui tend la main.)

BÉNÉDICT.

Ma sœur!

LAVINIA.

Mon frère!

(Elle sort en pleurant par la droite.)

BÉNÉDICT, regardant au dehors.

Ah! la cour va rentrer en séance... Enfin, je serai délivré de cette horrible incertitude.

(Il s'éloigne par la gauche, au deuxième plan; Christian rentre du même côté, au premier plan, avec d'Arignan.)

oooooooooo.ooooooooooooooooooooooooooooooooooooooooo

SCÈNE VIII.

CHRISTIAN, D'ARIGNAN.

CHRISTIAN.

N'y comptez pas, n'y comptez pas, monsieur le comte. Je ne veux plus vous servir.

D'ARIGNAN.

Malheureux! qu'as-tu dit?

CHRISTIAN.

Oh! ne croyez pas m'effrayer ni m'émouvoir, regardez-moi, je suis résolu, bien résolu... Je ne tremble pas, et j'ai rassemblé pour cet instant solennel tout ce qu'il me reste de force et d'énergie.

D'ARIGNAN.

Ainsi, rien ne peut te fléchir?

CHRISTIAN.

Rien; je ne veux plus, dans l'intérêt de votre orgueil, commettre un mensonge et un sacrilége.

D'ARIGNAN.

Voilà, maître Christian, un retour de loyauté et de religion qui doit un peu me surprendre?

CHRISTIAN.

De la religion! de la loyauté!... vous voulez rire monseigneur, et sur mon âme, l'instant est mal choisi... Oui, il fut un temps où le pauvre Christian Geoffrei était loyal et plein d'honneur... que sais-je? Il fut un temps où la pensée d'un Dieu... de quelqu'un là-haut qui punit et récompense, venait souvent le poursuivre au sein même de l'orgie. Mais à présent, depuis que j'ai été lancé par vous dans cette infernale intrigue... est-ce que j'ose encore avoir de telles idées? Il ne me reste rien à moi, avili, dégradé à mes propres yeux... à moi, votre complice... rien que mon amour pour mon fils... Bénédict, dont toute la vie a été pour la mienne un reproche en même temps qu'un sujet d'orgueil et d'admiration... Bénédict, mon héros, mon idole, mon Dieu... Bénédict, que j'ai vu tout-à-l'heure, qui m'a ouvert son âme, et qui serait malheureux de devoir le jour au comte de Labaume... Je ne veux pas, entendez-vous, je ne veux pas que mon fils soit malheureux... voilà ma loyauté, voilà ma religion.

D'ARIGNAN, froidement.

C'est bien, je suis tranquille alors, et malgré toi, tu nous seras fidèle.

CHRISTIAN.

Impossible.

D'ARIGNAN.

Tu maintiendras ta première déclaration.

CHRISTIAN.

Mais...

D'ARIGNAN.

J'en suis sûr, tiens! regarde.

(Il tire de son sein un papier, et le lui montre.)

CHRISTIAN.

Qu'est-ce que cela?

D'ARIGNAN.

Lis donc.

CHRISTIAN, parcourant le papier en tremblant.

« Société secrète des amis de la France. »

D'ARIGNAN.

Un complot qui avait pour but de renverser Emmanuel de son trône ducal, et de rappeler les Français dans notre patrie.

CHRISTIAN, se frappant le front.

O mon Dieu! mon Dieu.

D'ARIGNAN.

Et parmi les signatures...

CHRISTIAN, lisant.

« Bénédict Geoffrei! »

D'ARIGNAN.

Que cette liste soit livrée à la haute cour, et Bénédict Geoffrei mourra sur l'échafaud.

CHRISTIAN.

Mon fils!... oh! mais je le sauverai... je puis le sauver, monseigneur, et forcer tout le monde à lui rendre justice. Ce n'est pas lui, c'est moi... moi seul qui suis coupable; c'est moi qui ai conspiré et lui, mon fils, par le dévouement le plus sublime.

D'ARIGNAN.

Je le crois, et ce que tu dis là, Christian, se

trouve d'accord avec les rapports de ceux qui lui ont fait signer ce papier.

CHRISTIAN.

Ceux qui lui ont fait signer ce papier... Comment, des amis! des frères...

D'ARIGNAN.

Des frères qui vous ont dénoncés, vendus.

CHRISTIAN.

Oh! les infâmes!... les infâmes!

D'ARIGNAN.

Par bonheur cette liste est demeurée en mon pouvoir, et je ne sais quel pressentiment me disait qu'un jour elle pourrait être utile pour l'accomplissement de mes projets. Décide-toi, je puis la montrer, je puis l'anéantir tout à l'heure... à ton choix, Christian.

CHRISTIAN.

Mais vous convenez que mon fils est innocent.

D'ARIGNAN.

Mais on ne verrait que sa signature, et c'en est assez pour qu'on fasse tomber sa tête.

CHRISTIAN.

Oh! je suis à vos genoux; pitié! pitié!

D'ARIGNAN.

Relève-toi : que me demandes-tu? sa vie... Nous sommes d'accord, je te la demande aussi, moi; je veux plus... je veux pour lui la destinée la plus brillante, des titres, des honneurs, et c'est toi, c'est toi seul qui refuses.

CHRISTIAN.

Moi !... ainsi, je ne puis donc rien pour mon fils? D'une part, je le rends à jamais malheureux; de l'autre, je le tue.

D'ARIGNAN.

Tais-toi... voici tes juges! Tu n'hésites plus, n'est-ce pas? Je te disais bien que tu nous serais fidèle.

(Une draperie qui remplissait le second plan du théâtre dans toute sa largeur s'ouvre, et laisse voir le tribunal; puis, à l'issue de la galerie extérieure, des degrés par lesquels on descend dans les jardins du palais; le président du conseil d'état et les autres juges viennent prendre place. Bénédict à droite, et Robert à gauche, sont introduits par les huissiers; d'Arignan se place au bas du tribunal sur un fauteuil, d'où il peut suivre et dominer tous les mouvemens de Christian.)

SCÈNE IX.

CHRISTIAN, ROBERT, BÉNÉDICT, D'ARIGNAN, LE PRÉSIDENT, DES JUGES, DES HUISSIERS, DES GARDES, dans la galerie extérieure.

(Pendant que les juges prennent leur place, Robert et Bénédict s'approchent de Christian, l'un à droite, et l'autre à gauche.)

ROBERT, à demi-voix.

Christian, toi qui m'as élevé, toi qui as été parfois même le compagnon de mes folies, peux-tu me trahir, et mentir ainsi pour me perdre?

BÉNÉDICT, à demi-voix de l'autre côté.

Ah! puissiez-vous n'avoir pas dit vrai? Les dignités qui m'attendent sont pour moi le plus affreux supplice.

ROBERT.

Aie le courage, du moins, d'avouer, de rétracter ton mensonge.

BÉNÉDICT.

Il en est temps encore.

ROBERT.

Si tu ris de mes reproches, repousseras-tu sa prière, à lui?

BÉNÉDICT.

C'est plus que la vie que je vous demande.

ROBERT.

C'est un double assassinat que tu vas commettre. Oui, traître et assassin!

BÉNÉDICT.

Mon père! mon père!

(Christian désespéré va répondre aux deux jeunes gens dont il est entouré.)

D'ARIGNAN se levant et s'adressant à la cour qui vient de prendre place.

Messeigneurs, au nom de son altesse, qui doit à tous ses sujets le maintien de leurs droits et priviléges héréditaires, au nom de mon noble parent, sa seigneurie le comte de Labaume, de qui j'ai plein pouvoir pour le représenter auprès de vous, au nom de toute la noblesse intéressée avec nous dans cette cause, je demande que vous nous fassiez justice.

LE PRÉSIDENT.

Christian Geoffrei, persistez-vous encore dans vos déclarations précédentes?

CHRISTIAN, regardant avec émotion Bénédict et Robert, dit à part.

Non, je n'aurai jamais cet affreux courage.

D'ARIGNAN, vivement.

Messeigneurs, ordonnez qu'il se hâte de répondre... La cour n'a-t-elle pas une autre affaire, dont il faut qu'elle s'occupe aujourd'hui même? N'est-il pas question d'un complot contre la sûreté de l'état, d'une conspiration en faveur de la France?

(Il montre négligemment à Christian la liste de la conspiration.)

CHRISTIAN, se retournant vers les juges.

Ah! messeigneurs, je persiste; c'est lui qui est mon fils.

(Il montre Robert.)

ROBERT.

C'en est donc fait !

BÉNÉDICT.

Plus d'espérance !

(Les juges se consultent.)

LE PRÉSIDENT.

Au nom de son altesse Emmanuel-Philibert, duc de Savoie et de Piémont, la cour suprême, jugeant et condamnant sans appel, déclare que Christian Geoffrei a traîtreusement substitué pendant vingt-cinq années son fils à celui de sa seigneurie le comte de Labaume ; déclare que celui qui fut élevé sous le nom de Bénédict Geoffrei est bien réellement Robert, comte de Pérès, fils de monseigneur de Labaume ; ordonne que sur l'heure et en présence de tous on lui remettra l'épée de gentilhomme, et qu'il sera défendu à Bénédict Geoffrei de la porter à l'avenir ; condamne Christian Geoffrei à la déportation perpétuelle, et ordonne qu'il soit conduit immédiatement à la tour, jusqu'à ce qu'il plaise à son altesse de fixer le lieu de son exil.

(Un huissier vient remettre une épée à Bénédict, qui la prend machinalement et sans paraître bien comprendre ce qui se passe autour de lui. Robert, de son côté, tire son épée avec rage et la jette à ses pieds. Les juges se lèvent, et suivent lentement le président qui s'éloigne. Des gardes viennent s'emparer de Christian ; celui-ci regarde d'un air suppliant d'Arignan, en lui montrant Bénédict. D'Arignan déchire alors la liste de la conspiration.)

CHRISTIAN, à part, en regardant son fils.

Du moins, il est sauvé, lui !

(Il sort à gauche, au premier plan, emmené par les gardes. Tous les autres personnages s'éloignent par le fond, excepté Robert et Bénédict, qui restent seuls en scène, immobiles d'abord et ne se voyant pas l'un et l'autre.)

ooooooooooooooooooooooooooooooooooooooooooooooooo

SCÈNE X.

BÉNÉDICT, ROBERT.

BÉNÉDICT, à lui-même.

Maintenant tout est fini pour moi.

ROBERT.

Qu'ai-je à faire désormais dans la vie ?

BÉNÉDICT.

Elle est ma sœur ! ma sœur !

ROBERT.

Pour la première fois, je descends en moi-même, et je vois en frémissant que je n'étais rien, rien que par mon titre de gentilhomme.

BÉNÉDICT.

Ah ! Lavinia, Lavinia, cette amitié de frère que tu me demandes... impossible!

ROBERT.

Ce titre on me l'enlève... on me tue !

BÉNÉDICT.

La mort plutôt, oui, la mort !

(En disant ces derniers mots, ils ont marché vivement, et se trouvent face à face. Tous deux, en se retrouvant ensemble, poussent un cri de joie et de colère.)

ROBERT.

Monsieur, vous êtes gentilhomme à votre tour.

BÉNÉDICT, lui serrant la main avec rage.

Et je ne refuse pas à celui qui ne l'est plus de me battre avec lui.

ROBERT.

A l'instant.

(Il ramasse son épée.)

BÉNÉDICT.

A l'instant ! Oui, venez, venez.

ROBERT.

Marchons !

(Ils sortent par le fond.)

ooooooooooooooooooooooooooooooooooooooooooooooooo

SCÈNE XI.

LE COMTE DE LABAUME, CHRISTIAN, UN HUISSIER, DES GARDES.

(Christian, rentrant par la gauche, traverse la scène, conduit par un huissier. Il s'arrête à l'aspect du Comte, qui vient d'entrer du côté opposé.)

DE LABAUME, bas.

Christian, pardonne-moi tout ce que tu as souffert.

CHRISTIAN, bas.

Ah! je ne regrette que mon fils.

DE LABAUME, à part.

Et moi, n'ai-je pas perdu le mien ?

CHRISTIAN.

Monseigneur, je vous vois sans doute pour la dernière fois.

DE LABAUME.

Non, non, mon pauvre Christian... ce don que le prince a laissé dans mes mains, il y a vingt-cinq ans, le jour même de notre départ pour l'exil, ce talisman qui vaut la vie d'un homme, cette branche de chêne... elle est à toi !

CHRISTIAN.

A moi !

DE LABAUME.

Tu l'auras, crois-en ma parole, et du moins...

(Dans ce moment, on entend un grand bruit au dehors
dans les jardins.)

VOIX CONFUSES.

Arrêtez ! par là ! par là ! qu'on les sépare...
arrêtez ! arrêtez !

(Mouvement de tous les personnages en scène.)

DE LABAUME.

Qu'est-ce donc ?

ooooooooooooooooooooooooooooooooooooooooooo oo oo

SCÈNE XII.

LES MÊMES, LAVINIA.

LAVINIA, rentrant à droite.

Un duel dans les jardins du palais.

TOUS.

Un duel !

DE LABAUME.

Malgré la loi !

LAVINIA, regardant à une fenêtre sur le premier plan
à droite.

Ah ! ce sont eux ! Bénédict ! Robert !

CHRISTIAN.

Mon fils, courons !

(Il est arrêté par l'huissier et les gardes.)

DE LABAUME.

Moi, du moins, j'irai les séparer...

LAVINIA, poussant un cri.

Ah !... l'un des deux vient de tomber blessé par
son adversaire.

DE LABAUME et CHRISTIAN.

Lequel ? lequel ?

LAVINIA.

Attendez, c'est...

TOUS DEUX ENSEMBLE.

Mon fils, n'est-ce pas mon fils !

LAVINIA.

C'est... ma vue se trouble... des larmes... ma
tête se perd, je ne vois plus rien !

(Le comte et Lavinia sont à genoux ; Christian est
toujours retenu par les gardes. Les cris recommen-
cent au dehors, et Bénédict rentre en scène l'épée à
la main ; Christian se jette dans ses bras. Robert
entre aussi blessé et se soutenant sur son épée. Le
comte marche vers lui.

ooooooooooooooooooooooooooooooooooooooooooooooooo

SCÈNE XIII.

LES MÊMES, BÉNÉDICT, ROBERT.

CHRISTIAN.

Bénédict !

DE LABAUME.

Robert ! Robert ! du secours, mon Dieu, du secours !

CHRISTIAN, regardant encore avec joie son fils.

Mon cher Bénédict !

LAVINIA, à part, en regardant Christian.

Ah ! cette joie qu'il éprouve à le revoir ! (Regardant Bénédict.) Ce n'est pas mon frère, lui ! et mon
amour n'est pas un crime !

Le comte et Lavinia entourent Robert évanoui, et lui
donnent des secours. Bénédict est toujours dans les
bras de Christian ; des gardes entrent au fond par la
galerie et garnissent le théâtre. La toile tombe.)

❀❀

ACTE CINQUIÈME.

L'Oratoire de Lavinia. Un prie-Dieu, à droite ; au fond, un balcon auquel on arrive du dehors par des degrés, et
qui donne sur une place publique.

SCÈNE I.

LAVINIA, CHRISTIAN en dehors.

LAVINIA, entrant par la droite.

Il repose enfin... mon pauvre père !... je n'ai pas
quitté son chevet depuis deux journées ; et seule,
toujours seule !... Que font-ils ? que se passe-t-il ?
chaque fois que je parle d'eux, madame Berthe
détourne les yeux... les serviteurs de mon père
essuient une larme et se taisent... O Bénédict !
Bénédict... J'ai surpris leur secret... j'ai deviné

toute cette intrigue... Merci, mon Dieu ! qui
m'avez délivrée de mes craintes, qui me permettez de l'aimer sans remords !... Mais Robert, mon
véritable frère, que puis-je faire pour lui ?... Dans
son délire, mon père a prononcé plusieurs fois
son nom... il l'aime toujours... S'il retrouvait la
raison, je le fléchirais, il pardonnerait peut-être !...
mais rien, rien ! il oublie, il ne m'entend plus.
C'est à peine s'il peut encore me reconnaître !...
Oh ! grâce pour lui, mon Dieu ! pitié pour mon
frère et pour moi !...

CHRISTIAN, en dehors.

J'entrerai, je veux parler à monseigneur... je vous dis que je lui parlerai.

LAVINIA.

C'est la voix de Christian.

CHRISTIAN.

Il va de la vie de son fils. Place ! place !

LAVINIA.

Que dit-il ?

SCÈNE II.

LAVINIA, CHRISTIAN ; PLUSIEURS VALETS.

CHRISTIAN, se débattant.

Mais laissez-moi, laissez-moi donc !... Vous voyez bien que vos efforts sont inutiles.

LAVINIA.

Plus bas ! plus bas ! mon père repose. Sa vie ou sa mort dépend de cette heure de sommeil !

CHRISTIAN.

S'il en est ainsi, madame, pardonnez-moi... mais quand vous saurez, quand je vous aurai dit...

LAVINIA, aux valets.

Retirez-vous. (A Christian.) Quelles paroles avez-vous prononcées ?... par quel miracle êtes-vous libre ?

CHRISTIAN.

C'est le comte d'Arignan qui a fermé les yeux du gardien de la tour ; c'est lui qui a favorisé ma fuite... Mais, par pitié, par grâce, conduisez-moi près de monseigneur... Voyez, regardez-moi, je pleure, ma main tremble... par pitié, conduisez-moi près de lui...

LAVINIA.

Hélas ! depuis deux jours sa raison est perdue... il pleure, il parle de Robert et de M. Bénédict, et de toutes les figures amies qui l'environnent, la mienne est la seule qu'il reconnaisse.

CHRISTIAN.

Malheur !

LAVINIA.

Attendons au moins son réveil...

CHRISTIAN.

Oh ! c'est que le temps presse : c'est à quatre heures qu'ils doivent mourir.

LAVINIA.

Qui doit mourir.

CHRISTIAN.

Vous l'ignorez ?

LAVINIA.

Hélas ! depuis deux jours, sans nouvelles du dehors, penchée sur le chevet de mon père...

CHRISTIAN.

Vous ignorez que tous les deux, coupables de s'être battus en duel, au mépris de la loi qui défend le duel, ont été condamnés à mort ?

LAVINIA.

A mort !

CHRISTIAN.

Je n'ai plus qu'une espérance... Ecoutez-moi, madame. Il y a vingt-cinq ans, dans la forêt de Fossano, le prince Emmanuel et votre père, vaincus, fugitifs... une branche cueillie par eux sur l'arbre qui leur avait servi d'asile...

LAVINIA.

C'est un des glorieux souvenirs de mon père... Eh bien ?

CHRISTIAN.

Eh bien ! cette branche présentée au prince obtiendra la grâce qu'on voudra lui demander. Il l'a juré sur la tête de son père, sur sa couronne ducale ; cette branche, elle a été cueillie sur l'arbre de vie : c'est le salut des deux prisonniers.

LAVINIA.

Des deux ?

CHRISTIAN.

Ah ! je l'espère... mais s'il en était autrement, songez-y bien, madame, c'est celui qui vient d'être proclamé comte de Pérès, c'est votre frère qu'il faut sauver avant tout.

LAVINIA, avec effroi.

Mon frère !... Mais enfin, cette relique sacrée, vous veniez la chercher ?

CHRISTIAN.

Le comte me l'a solennellement promise.

LAVINIA.

Oh ! si je savais où elle est !

CHRISTIAN.

Vous ne le savez pas ?

LAVINIA.

Vous le voyez bien, je reste ici, je vous parle, je vous écoute !

(On entend la voix du comte.)

DE LABAUME, en dehors.

Lavinia ! Lavinia !

CHRISTIAN.

Oh ! Dieu soit loué ! c'est lui... le voilà. (Courant à lui.) Monseigneur ! monseigneur !

LAVINIA.

Mon père !

(Ils vont au devant de lui, à droite, l'amènent du côté opposé, et le font asseoir.

SCÈNE III.

LE COMTE DE LABAUME, LAVINIA, CHRISTIAN.

DE LABAUME.

Lavinia, pourquoi m'avais-tu quitté ? Il y a

bien long-temps que je ne t'ai vue ! Que fait mon fils ?

CHRISTIAN.

Votre fils Bénédict ?

DE LABAUME, le regardant avec effroi, et sans le reconnaître.

Qui êtes-vous ? que voulez-vous ? laissez-moi.

CHRISTIAN.

Vous parliez de votre fils Bénédict ?

DE LABAUME.

Est-ce ainsi qu'il se nomme ? non... Robert, comte de Pérès.

CHRISTIAN.

Il est vrai, c'est son nouveau titre.

DE LABAUME.

Il en est digne, j'ai reçu ses sermens... il rougit de ses fautes, il veut les réparer, et je puis l'aimer enfin... je suis heureux... bien heureux.

LAVINIA.

Mon père, tous les deux ont été condamnés.

CHRISTIAN.

Et tous les deux ils vont mourir.

DE LABAUME.

Mourir !... eh bien ! c'est la loi commune... est-ce que je ne vais pas mourir aussi, moi ?

LAVINIA.

Vous !

CHRISTIAN.

Vivez pour arracher votre fils à une mort déshonorante. Monseigneur, vous pouvez le sauver... L'échafaud ! c'est horrible, n'est-ce pas ? Vous ne voulez pas que votre fils y monte. Vous m'avez promis une branche de chêne que le prince vous a donnée jadis à Fossano ; je viens vous sommer de tenir votre parole. Cette branche, où est-elle, monsieur le comte ? où la tenez-vous cachée ?

LAVINIA.

Est-ce dans votre oratoire ? auprès du portrait et des lettres de ma mère ?

CHRISTIAN.

Est-ce dans la salle de réception ? à côté de votre vieille épée et de votre armure de combat ?

LAVINIA.

Mon père, répondez-nous !

CHRISTIAN.

L'exécution est pour quatre heures !

DE LABAUME.

Pourquoi me pressez-vous ? Vous voyez bien que je suis faible et malade. Que me voulez-vous ?

CHRISTIAN.

La branche de chêne que le prince vous a donnée !

LAVINIA.

La vie de mon frère !

DE LABAUME.

La branche de chêne !... ma fille, c'est une relique sainte et que mes descendans se montreront avec orgueil. Je ne m'en déferai jamais !

CHRISTIAN et LAVINIA, avec effroi.

Jamais !

CHRISTIAN, avec force.

Voulez-vous manquer à votre parole ? Cette branche libératrice, rappelez-vous que vous me l'avez promise ? Ferez-vous mentir le proverbe des gens de la montagne : Pur comme l'or ou comme le cœur d'un Labaume ?

DE LABAUME.

Tu as raison, je t'ai fait cette promesse... pourquoi ? je l'ignore. Mais je l'ai faite, et je la tiendrai. Cette branche... elle est... elle est... je ne m'en souviens plus !

LAVINIA.

Mon Dieu ! mon Dieu !

CHRISTIAN.

Du bruit sous cette fenêtre... on dirait que Turin entier est dans cette rue... c'est vrai. A quelques pas de cet hôtel est la place de la maison de ville, la place où vont tomber leurs têtes.

LAVINIA.

Ah ! mon père ! mon père ! eh quoi ! n'avez-vous pas entendu ! ne comprenez-vous pas ?

CHRISTIAN.

Eh bien ! venez, venez donc, monseigneur ! (Il l'entraîne devant le balcon.) Regardez !

DE LABAUME.

Où va cette foule ?

CHRISTIAN.

A une exécution ; la fête est belle, deux hommes vont périr ! Voyez-vous cette estrade, couverte d'un drap noir, autour de laquelle le peuple se range avec horreur ?

DE LABAUME.

L'échafaud !

CHRISTIAN.

Et cet homme rouge qui la conduit ?

DE LABAUME.

Le bourreau !

CHRISTIAN.

Maintenant, écoutez le nom des victimes !

(On entend au dehors la voix des huissiers qui lisent la sentence.)

UNE VOIX, lisant.

« Au nom de son altesse et de la cour suprême, » Robert, comte de Pérès, et Bénédict Geoffroi, » coupables de s'être battus en duel au mépris de » la loi, seront exécutés aujourd'hui, à quatre » heures. Priez Dieu pour leur âme ! »

PLUSIEURS VOIX.

Priez Dieu pour leur âme !

(Un silence. Le comte jette un cri, et se frappe le front comme pour rassembler ses souvenirs.)

DE LABAUME.

Ah ! dans la chambre où mourut ta mère... au dessus du Christ en ébène sculpté... un panneau

secret qui s'ouvre par un bouton de cuivre...
viens, c'est là... je me meurs.

(Il tombe; Lavinia pousse un grand cri et sort à
gauche.)

SCÈNE IV.

LE COMTE DE LABAUME, CHRISTIAN.

DE LABAUME, revenant à lui.

Christian!

CHRISTIAN.

Monseigneur...

DE LABAUME.

Nous sommes seuls; quel silence! tout-à-l'heure
une foule immense... des milliers de voix confuses... et du milieu de ce tumulte, la lecture d'un
arrêt de mort... Oh! je vois tout, je me souviens
de tout... mon fils, mon pauvre fils!... et Lavinia,
où est-elle?

CHRISTIAN.

Rassurez-vous; elle est entrée dans la chambre
de la comtesse, pour y chercher la branche de
chêne dont la vue déterminera le prince...

DE LABAUME.

A accorder la grâce que lui demandera ma fille.
Oh! mon fils est sauvé! Elle tarde bien.

CHRISTIAN.

C'est vrai. (Il fait quelques pas.) Elle est sortie
par une autre issue; elle traverse la place en courant.

DE LABAUME.

Elle se dirige vers le palais du prince; ainsi,
quelques minutes plus tard, tout était fini. Robert,
tu as été bien coupable; mais quelle horrible ex-
piation! Mon sang se glace, rien que d'y songer.

CHRISTIAN.

Du calme, monseigneur, espérons que votre fille
pourra les sauver tous les deux.

DE LABAUME.

Comment?

CHRISTIAN.

Je partage vos douleurs! quels qu'aient été ses
égaremens, à lui, à ce malheureux, je me souviens toujours que j'ai soigné ses premières années, et s'il s'agissait de ma vie, et non de celle
de mon fils, je dirais à votre fille: Forcée de choisir entre moi et Robert, c'est lui qu'il faut choisir,
c'est lui qu'il faut sauver!

DE LABAUME.

Forcée de choisir entre eux deux!

CHRISTIAN.

Hélas! je crains qu'elle n'y soit réduite. Vos
ennemis ont repris tout leur empire sur son altesse. Le marquis d'Elbène a juré qu'on ne lui en-
lèverait pas toute sa proie. Toujours, toujours

auprès du prince, il presse l'exécution de la sentence; il sera là pour empêcher qu'on ne fasse
grâce à tous deux à la fois, et je tremble.

DE LABAUME.

Ah! tu n'espères en sauver qu'un seul, et c'est
la grâce de ton fils que Lavinia va demander!

CHRISTIAN.

Oubliez-vous l'arrêt de la cour, mes dépositions,
ma condamnation, ma ruine? Mais pour le pays,
pour Lavinia, pour vous, celui qu'on appela le
comte de Pérès n'est plus rien; c'est Bénédict qui
est votre fils. Lavinia va sauver son frère.

DE LABAUME.

Son frère! et l'autre, mon sang, mon véritable
fils, l'autre va donc mourir! Cet échafaud, c'est
pour lui qu'il se prépare! Ah! j'avais cru renoncer
au titre de père, et maintenant que Robert est en
face de l'échafaud, mon sang s'émeut, mes en-
trailles se révoltent, j'entends dans mon cœur
mille voix qui me crient: « Ton fils; cours sauver
ton fils! » Non, il ne mourra pas. Je me suis rendu
complice de l'arrêt qui lui a ravi son nom, mais
complice de l'arrêt qui le tue, jamais! je ne le fe-
rai jamais!

CHRISTIAN.

Plus bas, plus bas, monseigneur; elle les sau-
vera tous les deux.

DE LABAUME.

Non, tu mens, tu ne l'espères pas; le marquis
d'Elbène veut au moins une victime... Oh! mais
Dieu me donnera des forces.

(Il marche vers le fond.)

CHRISTIAN, le retenant.

Monseigneur, vous ne bougerez pas!

DE LABAUME.

Tu oses porter la main sur moi?

CHRISTIAN.

Il s'agit de la vie de mon fils, et quand ce serait
le prince lui-même que je tiendrais ainsi dans cet
étau de fer, je ne le laisserais pas échapper.
Qu'est-ce que ceci, monsieur le comte? est-ce
ainsi que vous jouez avec l'honneur et la vie de
nous autres, pauvres plébéiens que nous sommes?
Après que je me suis déshonoré pour vous, vous
voulez que j'immole mon fils au vôtre? Non pas,
s'il vous plaît. Nous sommes liés par un pacte que
chacun de nous a consenti à ses risques: je vous
jure qu'il tiendra. Votre fils en est victime, tant
pis; ce pouvait être le mien. Quoi que vous puis-
siez dire, il est maintenant votre héritier, et la
branche de chêne fait partie de l'héritage. D'ailleurs, elle n'était plus à vous, vous me l'aviez donnée, elle devait servir à ma grâce; je l'emploie à
sauver mon fils. Est-ce que ce n'est pas juste?
Vous aviez raison, votre orgueil est capable de
tout: c'est ce malheureux procès qui a allumé des
haines si vives entre nos enfans. Sans vous, ils ne
se seraient jamais battus. Laissez donc aller les

choses. Prions Dieu pour que Lavinia les sauve l'un et l'autre, et attendons, monseigneur, attendons !

(Tous deux sont à genoux. Lavinia reparaît au fond du théâtre. Ils se lèvent et marchent en tremblant vers elle.)

SCÈNE V.

LE COMTE DE LABAUME, LAVINIA, CHRISTIAN.

DE LABAUME.

Lavinia ! Ah ! qu'as-tu fait? Parle.

LAVINIA.

Mon frère.

DE LABAUME.

Robert ?

CHRISTIAN.

Bénédict ?

LAVINIA.

Éperdue, presque mourante, je me suis traînée dans cette chambre où j'avais reçu les adieux de ma mère ; je me suis approchée du crucifix d'é-bène qui est au dessus du chevet : il m'a semblé voir encore ma mère étendue sur son lit d'agonie, j'ai cru entendre ses dernières paroles; j'ai rassemblé mes forces, j'ai tiré de l'armoire secrète la branche de chêne qu'il fallait présenter au prince. J'ai couru, je suis arrivée au palais au moment où la cour allait partir... Je suis tombée aux pieds de son altesse sans dire un mot, en élevant la branche... Emmanuel l'a regardée et il s'est souvenu : « Votre nom ? — Lavinia, fille de votre ancien serviteur monseigneur de Labaume. — Quelle grâce demandez-vous ? — Celle des deux jeunes gens qu'on exécute aujourd'hui. » Il y a eu un frémismissement parmi la suite... « Ma parole est sacrée, a dit le prince, mais il faut que justice se fasse. Je ne puis vous accorder que la vie d'un seul : qui choisissez-vous ? » Mon cœur s'est brisé; puis de nouveau j'ai songé à ma mère : « Promets-moi, m'avait-elle dit en expirant, que tu me remplaceras auprès de mon fils, que tu seras là, toujours là pour veiller sur lui, et , s'il le fallait, pour te dévouer, pour te sacrifier à son bonheur... » Oh ! alors, je n'ai plus hésité : « Sauvez, monseigneur, sauvez celui qu'on appelait il y a trois jours le comte de Pérès, qu'on appelle aujourd'hui Bénédict Geoffrei. » Le prince a fait un signe, et tout a disparu.

CHRISTIAN.

Quoi ! vous avez envoyé au supplice...

LAVINIA.

Celui que j'aimais, oui, j'en conviens, je puis le dire, car je savais bien que l'autre était véritablement mon frère !

DE LABAUME.

Tu l'aimais? tu l'aimais?... Ah ! ma fille !

LAVINIA.

Je vous ai rendu votre fils, un fils que vous avez cruellement puni, mais que vous aimez encore. Pardonnez-lui. Cette épreuve terrible a dû le changer pour jamais ; et quant à moi , souffrez que je consacre à un autre...

CHRISTIAN.

C'est Bénédict qui va mourir !... Tout ce que j'ai fait pour son bonheur n'aura servi qu'à sa perte !... Ah ! que je le voie avant sa mort , que le même coup nous frappe !... (On entend sonner quatre heures.) Quatre heures !

LAVINIA.

Christian , Christian , c'est moi qui ai tué ton fils ! veux-tu que je le remplacé? veux-tu que je sois ta fille ? Unissons-nous pour le pleurer !... On vient... c'est Robert, sans doute... Ah ! tous les deux nous devons éviter sa présence.

CHRISTIAN , se levant désespéré.

Robert ! que vient-il faire ici ? jouir de ma douleur, rire de mon désespoir ! Que Dieu m'assiste, monsieur le comte ! je vais vous rendre aussi malheureux que moi !

Il tire son poignard et s'élance vers le fond. La porte s'ouvre. Paraissent d'Arignan, Bénédict et le peuple.)

SCÈNE VI.

LE COMTE DE LABAUME , LAVINIA, CHRISTIAN , D'ARIGNAN , BÉNÉDICT , PEUPLE.

CHRISTIAN , LAVINIA et DE LABAUME ensemble.

Ah ! Bénédict !

D'ARIGNAN , au comte.

Monsieur le comte , je vous ramène votre fils.

CHRISTIAN.

Sauvé ! sauvé ! par quel miracle ?...

DE LABAUME.

Mais , l'autre ?...

D'ARIGNAN.

Il avait perdu son rang, ses titres, son honneur ; la vie lui était à charge; il n'a pas voulu attendre le supplice; il s'est tué dans sa prison en arrachant l'appareil de sa blessure.

DE LABAUME , avec désespoir.

Robert?

LAVINIA.

Mon frère !...

D'ARIGNAN.

Et la grâce accordée par son altesse ne pouvait plus sauver que...

CHRISTIAN.

Que lui... Bénédict! (A demi-voix.) Ah! j'ai oublié toutes mes souffrances... je puis encore embrasser mon fils!

BÉNÉDICT.

Qu'entends-je? votre fils!... ah! n'est-ce pas que c'est moi, toujours moi?

CHRISTIAN, bas.

Toujours!

BÉNÉDICT.

Et Lavinia!...

CHRISTIAN.

Elle n'est pas ta sœur... (Cri de joie de Bénédict.) Tais-toi, tais-toi!

(Il lui montre le comte, qui de l'autre côté est tombé anéanti sur un fauteuil. Lavinia est à genoux auprès de lui, et pleure. D'Arignan cherche à les consoler. — La toile tombe.)

FIN DE LA BRANCHE DE CHÊNE.

FRANCE DRAMATIQUE. — PIÈCES EN VENTE.

La Seconde Année.
L'Ecole des Vieillards.
L'Ours et le Pacha.
Le Camarade de lit.
Le Mari et l'Amant.
Les Malheurs d'un Amant
Henri III et sa cour.
Un Duel sous Richelieu.
Calas , de Ducange.
Michel et Christine.
Le Mariage de raison.
l'Hom. au masque de fer
La Jeune Femme colère.
L'Incendiaire.
La Vieille.
Le Jeune Mari.
La Demoiselle à marier.
Les Vêpres Siciliennes.
Budget d'un jeune ménag.
L'Auberge des Adrets.
Philippe.
La Dame blanche.
Toujours.
40 ans de la vie d'une fem.
Le Lorgnon.
Bertrand et Raton.
Une Faute.
Le ci-devant jeune hom.
Marie Mignot.
Pourquoi?
Richard d'Arlington.
La Chanoinesse.
Les Comédiens.
l'Héritière.
Léontine.
Le Gardien.
Dominique.
Le Philtre Champenois.
Le Chevreuil.
Le Charlatanisme.
Vert-Vert.
Bruis et Palaprat.
Le Mariage extravagant.
Le Paysan perverti.
Pinto, en 5 actes.
La Carte à payer.
Le Mari de ma femme.
Les Vieux Péchés.
Luxe et Indigence.
Zoé.
Louis XI.
Ninon chez Mme Sévigné.
Robin des Bois.
Marius à Minturnes.
Marie Stuart.
Les Rivaux d'eux-mêmes
La Famille Glinet.
Les Héritiers.
Jeanne d'Arc.
Les Maris sans femmes.
L'Assemblée de famille.
Mémoires d'un Colonel.
Le Paria.
Les Deux Maris.
Le Médisant.
La Passion secrète.
Rabelais.
Les Deux Gendres.
Estelle.
Trente Ans.
Le Pré-aux-Clercs.
La Poupée.
La Tour de Nesle.
Changement d'uniforme.
Une Présentation.
Mme Gibou et Mme Pochet
Est-ce un Rêve ?
Fra Diavolo.
Robert-le-Diable.
Le Duel et le Déjeuner.
Zampa.
Avant, Pendant et Après.
Les Projets de mariage.
Un premier Amour.
Napoléon , ou Schœn-
brunn et Ste-Hélène.
La Courte-Paille.
Le Hussard de Felsheim.
1760, ou les 3 Chapeaux.
Rigoletti.
Frédégonde et Brunehaut
Gustave III

Elle est Folle.
L'Abbé de l'Epée.
Un Fils.
Les Infortu. de M. Jovial.
M. Jovial.
Victorine.
Catherine ou la Croix d'or
La Belle-Mère et le Gend.
Heur et Malheur.
Il y a Seize ans.
L'Héroïne de Montpellier
C'est encore du Bonheur.
La Mère au bal, et la Fille
à la maison.
Jean.
Les Etourdis.
Valérie.
Faublas.
Picaros et Diégo.
Démence de Charles VI.
Une Heure de mariage.
Madame Du Barry.
Le Chiffonnier.
Le marquis de Brunoy.
Le Voyage à Dieppe.
Les Anglaises pour rire.
Un moment d'imprudence
Le Diner de Madelon.
Les Deux Ménages.
Le Bénéficiaire.
Malheurs d'un joli garçon
Robert , chef de brigands
Michel Perrin.
Une Journée à Versailles.
Le Barbier de Séville.
Les Cuisinières.
Le Nouv. Pourceaugnac.
Marie.
Le Secret et le Cuisinier.
Clotilde.
Bourgmest. de Saardam.
Le Roman.
Le Coin de Rue.
Le Célibataire et l'Hom-
me marié.
La Maison en loterie.
Les Deux Anglais.
Le Mariage impossible.
La Ferme de Bondi.
Werther.
La Prison d'Edimbourg.
La Première Affaire.
La Famille de l'Apothicai.
Don Juan d'Autriche.
L'Enfant trouvé.
Le Poltron.
Le Facteur.
Misanthropie et Repentir
Le Châlet.
Perrinet Leclerc.
Moiroud et Compagnie.
Agamemnon.
Chacun de son côté.
Le Vagabond.
Thérèse.
Sans Tambour ni Tromp.
Marino Faliero.
Fanchon la Vielleuse.
Prosper et Vincent.
Glenarvon.
Le Conteur.
Le Caleb de Walter Scott.
La Dame de Laval.
Carlin à Rome.
Les Deux Philibert.
Les Couturières.
Couvent de Tonnington.
Le Landau.
Une Famille au temps de
Luther.
Les Poletais.
Honorine.
Angéline.
La Princesse Aurélie.
Les Petites Danaïdes.
Sophie Arnould.
Un Mari charmant.
Les Deux Frères.
Madame Lavalette.
La Pie Voleuse.
La Famille improvisée.

Les Frères à l'épreuve.
Le Marquis de Carabas.
La Belle Ecaillère.
Les Deux Jaloux.
Laitière de Montfermeil.
Les Bonnes d'Enfans.
Furruck le Maure.
Monsieur Sans-Gêne.
Monsieur Chapolard.
La Camargo.
Préville et Taconnet.
Le Bourru bienfaisant.
La Fille de Dominique.
Philosophe sans le savoir
Rossignol.
Deux vieux Garçons.
Jeunesse de Richelieu.
Le Père de la Débutante.
L'Avoué et le Normand.
La Juive.
Un Page du Régent.
Les Indépendans.
Les Huguenots.
Mal noté dans le quartier.
L'Idiote, dr. en 4 actes.
Suzette.
Guillaume Colmann.
Les Deux Edmond.
Le Serment de Collége.
La Vie de Garçon.
La Camaraderie.
Le Commis Voyageur.
Liste de mes Maîtresses.
Alix , ou les Deux Mères.
Harnali , parodie.
99 Moutons et un Cham-
penois.
Un Ange au sixième étage
Frascati, vaud. en 3 actes
La Cocarde tricolore.
La Muette de Portici.
La Foire Saint-Laurent.
Clermont.
Le Pioupiou, v en 3 actes
Perruquier de la Régence
Le Chevalier du Temple.
Le Mariage d'argent.
Le Camp des Croisés.
Mademoiselle d'Aloigny.
Une Vision ou le sculpteur
Le Bourgeois de Gand.
Le Pauvre Idiot, d. 5 act.
Louise de Lignerolles.
L'Homme de Soixante ans
Marguerite.
La Belle-Sœur.
Céline la Créole.
Mademoiselle Bernard.
Précepteur à vingt ans.
Madame Grégoire.
La Cachucha.
Samuel le marchand.
Guillaume Tell, op. 4 a.
Henri Hamelin , dr. 5 a.
Un Testament de dragon
Le Ménestrel , com. 5 a.
Bayadères de Pithiviers.
Peau d'âne , en 5 actes.
L'Ouverture de la Chasse
La Vie de Château.
Thérèse, opéra-comique.
L'Obstacle imprévu.
Richard Savage, dr. 5 a.
Le Grand-Papa Guérin.
Le Général et le Jésuite.
La Boulangère a des écus
D. Sébastien de Portugal
C'est monsieur qui paie.
Mademoiselle Clairon.
Ruy-Brac, p. de Ruy-Blas
Une Position délicate.
Randal, dr. en 5 actes.
L'Enfant de Giberne.
Sept Heures.
Un Bal de Grisettes.
Candinot, roi de Rouen.
Françoise et Francesca.
La Mantille.
Les Trois Gobe-Mouches
Postillon franc-comtois.
Mademoiselle Nichon.
Dagobert.

Les Maris vengés.
Une Saint-Hubert.
La Fille d'un Voleur.
Les Sermens.
Le Planteur.
Jaspin, com.-vaud.
Le Père Pascal.
Nanon, Ninon, Maintenon
Phœbus.
Les Camarades du minist.
Vingt-six ans.
La Canaille.
L'Eclair.
L'intérieur des Comités
révolutionnaires.
La Laitière de la Forêt.
Bobèche et Galimafré.
La Femme Jalouse.
Le Panier Fleuri.
Le Protégé.
Le Diamant.
Les Treize.
Naufrage de la Méduse.
L'Eau merveilleuse.
Geneviève la Blonde.
Industriels et Industrieux
Le Pied de mouton.
La Grande Dame.
Passé minuit.
Le Susceptible.
Le Pacte de Famine.
Tribut des Cents Vierges
Isabelle de Montréal.
Une Visite nocturne.
Madame de Brienne.
Un Ménage parisien.
Les Brodequins de Lise.
Valentine.
La Belle Bourbonnaise.
Mademoiselle Desgarcins
Passé Midi.
Les Trois Quartiers.
La Nuit du Meurtre.
La Fiancée.
Les Ouvriers.
L'Elève de Saumur.
Carte blanche.
Chantre et Choriste.
Chansons de Béranger.
La Fille du Musicien.
La Rose Jaune.
Le Shérif.
Les Filles de l'Enfer.
César , ou le Chien du
château.
Eustache.
Argentine.
L'Amour.
Fiancée de Lammermoor.
Le Père de Famille.
Bélisario.
Le Débardeur.
La Symphonie.
Sujet et Duchesse.
Ecorce russe et Cœur
français.
Un Scandale.
Le Bambocheur.
Le Philtre, opéra.
Le Tasse.
Léonide, ou la Vieille.
A Minuit.
Le Coffre-fort.
Fénélon, par Chénier.
Les Machabées.
La Lune Rousse.
L'Amant bourru.
Cartouche, ou les Voleurs
L'espionne Russe.
Les Deux Normands.
Le Soldat de la Loire.
Malvina, ou le Mariage.
Le plus beau jour de la vie
Polder, ou le Bourreau.
Louise, ou la Réparation
Les Premières Amours.
Le Colonel.
Le Coiffeur et le Perru-
quier.
La Reine de seize ans.
Kettly, ou le Retour.
La Famille Riquebourg.

Lisbeth, ou la Fille du La-
boureur.
La Lune de Miel.
La Correctionnelle.
La République, l'Empire
et les Cent jours.
Les deux Forçats.
Quaker et la Danseuse.
Les Enfans d'Edouard.
Yelva.
La Marraine.
La Mansarde.
La Fille du Cid.
Assemblée de Créanciers
Le Soldat laboureur.
Les Cabinets particuliers
Les Deux Systèmes.
La Reine d'un jour.
Régine ou Deux Nuits.
L'Humoriste.
Lénore.
Hochet d'une Coquette.
La Fausse Clé.
Le Secret du Soldat.
La Peur du Tonnerre.
La Néigo.
Le Jésuite.
Les 6 Degrés du Crime.
Les Deux Sergens.
Le Diplomate.
L'œil de verre.
Latréaumont.
Le Code et l'Amour.
Une Jeune Veuve.
La Mansarde du Crime.
Judith.
Madame Duchatelet.
Le Verre d'eau.
Masaniello.
Je connais les femmes.
La Rose de Péronne.
Deux Sœurs.
La Grace de Dieu.
La Dette à la Bamboche.
Une nuit au Sérail.
L'embarras du choix.
La Popularité.
Caravage.
Un Monsieur et une Dame
Les Pénitens blancs.
Christine.
Permission de 10 heures.
Béatrix, drame.
Voyage de Robert-Ma-
caire.
Comité de Bienfaisance.
Floridor le Choriste.
La Mère et la Fille.
La Fille du Tapissier.
Le Veau d'Or.
Mari de sa Cuisinière.
Le Débutant.
Le Quinze avant Midi.
Deux Dames au Violon
Le Beau-Père.
La Maîtresse de Poste.
L'Homme Gris.
Le Bureau de Placem.
Les Oiseaux de Bocace.
Le Festin de Pierre.
Le Bon Ange.
Les Economies de Cabo-
chard et Sous-Clé.
Frère et Mari.
Le Bon moyen.
Un Mari du bon temps.
La Prétendante.
Le Secret du Ménage.
La Citerne d'Albi.
Un Mois de fidélité.
Le Cousin du ministre.
Gabrina.
Le Caporal et la Payse.
Les Pontons.
Les Pupilles de la Garde.
Chavilles de Mtre Adam.
Mlle de Mérange.
Péterscott.
La Vie d'un Comédien.
La Chaîne électrique.
Marie.

Nicolas Nickleby.
L'une pour l'autre.
Les Philantropes.
L'Oncle Baptiste.
L'Avocat de sa cause.
Les Jumeaux béarnais.
Le Voyage à Pontoise.
Le Jeu de l'amour et du
hasard.
Le Parleur éternel.
Le Turc.
Mon coquin de Neveu.
Une Jeunesse orageuse.
L'Ingénue de Paris.
Un Veuvage.
La Journée d'une jolie
Femme.
Le Petit Chaperon
rouge.
Le Dernier Marquis.
Les Noceurs.
La Branche de chêne.

9 782329 031118